Violencia y monoteísmo

FRAGMENTOS, 28

Jan Assmann

VIOLENCIA
Y MONOTEÍSMO

INTRODUCCIÓN DE LLUÍS DUCH
TRADUCCIÓN DE MAYKA LAHOZ

FRAGMENTA EDITORIAL

Título original VIOLENCE ET MONOTHÉISME
Bayard, 2009

Publicado por FRAGMENTA EDITORIAL, S.L.
Plaça del Nord, 4, pral. 1.ª
08024 Barcelona
www.fragmenta.es
fragmenta@fragmenta.es

Colección FRAGMENTOS, 28

Primera edición NOVIEMBRE DEL 2014

Producción editorial IGNASI MORETA
Producción gráfica INÊS CASTEL-BRANCO

Impresión y encuadernación ROMANYÀ VALLS, S.A.

© 2014 JAN ASSMANN
por el texto

© 2014 LLUÍS DUCH ÁLVAREZ
por la Introducción

© 2014 MAYKA LAHOZ BERRAL
por la traducción

Depósito legal B 23.373-2014
ISBN 978-84-15518-07-5

PRINTED IN SPAIN

RESERVADOS TODOS LOS DERECHOS

ÍNDICE

Introducción. LLUÍS DUCH   7

Prefacio   17

I   Crítica de la violencia religiosa   21

II   La semántica de la ruptura   37

III   Traumatismo y represión. El diagnóstico freudiano del monoteísmo   47

IV   Allí donde había dioses debe advenir Dios. Génesis de la violencia iconoclasta   59

V   Ley y violencia   71

VI   El lenguaje de la violencia y su origen político   87

VII   Del lenguaje al ejercicio de la violencia. La escritura cumplida   101

VIII   Revelación y violencia   115

INTRODUCCIÓN

En algunos sectores de las ciencias humanas de nuestros días, el pensamiento de Jan Assmann constituye al mismo tiempo una novedad y un poderoso desafío al *statu quo* científico. Nacido el 7 de julio de 1938 en Langelsheim (Alemania), estudió egiptología y arqueología clásica en Múnich, Heidelberg, París y Gotinga. A partir de 1976 y hasta su jubilación fue catedrático de egiptología en la Universidad de Heidelberg. Participó también en numerosas campañas arqueológicas en Egipto. En los años noventa del siglo pasado, él y su esposa, Aleida Assmann, desde distintas perspectivas metodológicas, desarrollaron la teoría de la *memoria cultural y comunicativa*, que, con anterioridad a la segunda guerra mundial, Maurice Halbwachs había introducido en la academia francesa con el nombre de *memoria colectiva*. Cabe distinguir, por consiguiente, la memoria personal de la memoria cultural. Esta se desarrolla por mediación de la acción comunicativa del lenguaje en un contexto de socialización, de empalabramiento y de prácticas mediáticas muy diversificadas. De esta manera, los seres humanos construimos, habitamos y compartimos un mundo común, a pesar de las características propias de cada hombre o mujer concretos. Creemos que, de hecho, el proyecto de Assmann, ubicado en torno a un espacio y tiempo concretos —los de la historia egipcio-hebrea—, constituye un alegato de gran interés y actualidad a favor de una aproximación crítica a la tradición porque el ser humano, desde lo biológico hasta lo lingüístico, es inevitablemente un ser tradicional que activa o pasivamente, a favor o en contra, vive, ama, odia, trabaja y muere en el seno de una específica *comunidad de memoria*. Nuestro autor ha puesto de relieve el paralelismo que existe entre el mito y la memoria. Ambos, a causa de su intrínseco carácter relacional, sirven al ser humano para situarse convenientemente en su mundo cotidiano y, creando una tupida red de sentimientos, conferir contenido no solo a su secuencia (historia) individual personal, sino también a la del conjunto de la tradición en la que se halla asentado.

Assmann denomina *mnemohistoria* las secuencias memorísticas establecidas por la memoria cultural. Subraya que la historia rememorada posee una mayor importancia para la vida cotidiana de individuos y grupos humanos, y para las relaciones que se establecen entre estos, que «lo que realmente aconteció en el pasado» (Leopold von Ranke). Lo recordado se impone sobre lo que aconteció objetivamente porque, en realidad, lo que aconteció *in illo tempore* es siempre fruto del «trabajo de la memoria», sin olvidar la intervención de los distintos —a menudo, bastardos— «intereses creados» en la constitución más o menos canónica aquí y ahora del pasado e incluso del futuro. Para hablar como san Agustín, el «presente de cualquier presente» no es sino una trama más o menos móvil y susceptible de pérdidas y ganancias del «presente del pasado» y del «presente del futuro». Se acepta con bastante unanimidad que, al cabo de unos cuarenta años, la memoria de las generaciones empieza con velocidad creciente a desvanecerse: la memoria cultural procede a la reinvención imaginativa de lo que sucedió.

No puede causar sorpresa que la amplia y, con harta frecuencia, confusa temática en torno a la memoria haya sido una de las más recurrentes —una suerte de bajo continuo— en la investigación de los esposos Assmann. Ha de tenerse en cuenta el ingente esfuerzo que han tenido que hacer muchos de los integrantes de las primeras generaciones de alemanes posteriores a la finalización de la segunda guerra mundial para situar en su justo lugar el tiempo y el espacio cruelmente inhumanos de la era nazi, la cual, como sucede siempre en tiempos de tiranía y desprecio absoluto de lo humano, intentó pervertir radicalmente la memoria cultural —y, consiguientemente, la memoria personal— de los alemanes. En todos los regímenes dictatoriales del pasado y del presente se detecta una férrea voluntad de intervenir en la memoria colectiva —«cultural», en la terminología de Assmann— de los grupos humanos y modificar según sus conveniencias los contenidos. Un aspecto práctico de estas intervenciones puede percibirse con nitidez en las modificaciones arbitrarias del calendario común.

Además de su fecundo y extenso trabajo como egiptólogo, Jan Assmann ha realizado, a partir la primacía que otorga al «trabajo de la memoria» en oposición a las simples y, a menudo, engañosas objetividades históricas, amplios estudios sobre el origen del monoteísmo, tomando como punto de partida el éxodo de los israelitas de Egipto tal como lo narra el escrito bíblico del Éxodo. Cabe señalar que la reflexión de Assmann sobre el monoteísmo hebreo se basa en investigaciones y estudios que previamente había llevado a cabo sobre la figura, la obra y la religión del faraón egipcio Amenofis IV, quien vivió en el periodo de Amarna. Durante su breve reinado, Amenofis IV —conocido como Akhenatón— fue promotor y protagonista de una revolución monoteísta de carácter violento y radical que Assmann califica como la primera manifestación de «contrarreligión» en la historia de la humanidad.[1] El culto a Amón —el dios del Sol— fue constituido como el único y exclusivo referente religioso del país de Egipto. De aquí se desprende que la religión en contra de la cual actuaba el nuevo sistema religioso de Amenofis IV era el *cosmoteísmo*, esto es, la divinización del cosmos tan común en las primeras fases de la evolución cultural de la humanidad. Según la opinión de Assmann, por primera vez en la historia de la humanidad, en la reforma akhenatiana, la distinción entre *verdadero* y *falso* —la denominada por Assmann *distinción mosaica*— se constituye como criterio máximo en el ámbito de lo religioso para dirimir mediante un pensamiento con «regulación ortodoxa» (J.-P. Deconchy) entre lo justo y lo injusto, lo sagrado y lo profano, lo que es digno de vida y lo que implacablemente debe morir. A partir de esta distinción, las consecuencias de carácter político son evidentes y lo sagrado como artefacto político se impondrá en cada caso con gran facilidad al servicio de la razón de Estado en Occidente en forma, por ejemplo, de «guerra de religión» o de «procesos inquisitoriales».[2] De inmediato, como fácilmente puede comprobarse en múltiples episodios de la historia europea, el «otro religioso» —el *extraño* por excelencia— se convierte en

---

[1] *Cf.* sobre todo Jan Assmann, *Moisés el egipcio*, Oberon (Anaya), Madrid, 2003; idem, *La distinción mosaica o El precio de monoteísmo*, Akal, Tres Cantos (Madrid), 2006.

[2] Además de los libros citados con anterioridad, para el planteamiento de esta cuestión, evidentemente desde su perspectiva ideológica y metodológica, resulta especialmente importante el libro de Jan Assmann, *Herrschaft und Heil. Politische Theologie in Altägypten, Israel und Europa*, Carl Hansen, Múnich / Viena, 2000.

el exacto equivalente del «otro político», al cual, con frecuencia, se le atribuye la función de «chivo expiatorio» sobre el que se descargan con un peligroso afán justiciero las frustraciones, incompetencias y adversidades de la sociedad.

El faraón egipcio, durante los primeros años de su gobierno, destruyó desde arriba todo el sistema cultual egipcio provocando una profunda pérdida de la identidad religiosa y social de los ciudadanos, que muy rápidamente, después de su defunción, volvieron al cosmoteísmo de sus antepasados e incluso eliminaron su nombre de la lista real, aunque, evidentemente, quedaron profundamente traumatizados por la reforma de Akhenatón. Indica el egiptólogo alemán que «el periodo de Amarna debió de suponer el mayor grado de sacrilegio, destrucción y horror para los egipcios, un tiempo de ausencia divina, de oscuridad y de enfermedad». Con perspicacia, Aleida Assmann ha señalado que el trauma puede actuar como un estabilizador de la memoria. Es indudable que el egiptólogo alemán muestra una cierta simpatía por el politeísmo (cosmocentrismo) porque —afirma— «el gran logro del politeísmo consiste en la articulación de un universo semántico común» que, al desconocer la distinción hasta cierto punto beligerante entre religión *verdadera* y *falsa*, facilita el intercambio entre los nombres de los dioses de los distintos pueblos y culturas rehuyendo, al menos teóricamente, cualquier forma de exigencia de absolutez de una determinada religión. No nos parece que el pensamiento de Assmann pueda ser acusado de antisemitismo, como recientemente ha hecho el investigador norteamericano Richard Wolin, que califica la teoría del egiptólogo alemán de «improbable y pretenciosa».[3]

---

[3] Richard WOLIN, «Biblical blame shift. Is the egyptologist Jan Ass-

Después de la reflexión e interpretación de la reforma religiosa protagonizada por Akhenatón, Assmann fija su atención en el monoteísmo judío y, muy particularmente, en la figura de Moisés, que, de forma unánime, ha sido considerado por judíos, cristianos y musulmanes como el primer y fundamental patriarca de la revelación de Dios a los hombres. Observa que el faraón egipcio es una figura de la historia que, con relativa facilidad, puede ubicarse en un periodo muy concreto de la cultura y la religión egipcias; Moisés, por el contrario, aunque su identificación con un recuerdo dislocado e impreciso de Akhenatón ya fue formulada en la Antigüedad en distintos contextos sociales y culturales, es exclusivamente una figura de la memoria o del recuerdo que resulta imposible colocar con garantías —es decir, más allá del mito— en una secuencia temporal precisa.

A partir de sus ideas, que tan sumariamente hemos sintetizado, el pequeño pero sin duda sugestivo libro de Jan Assmann *Violencia y monoteísmo* plantea de forma clara y rigurosa una cuestión que, desde hace algunas décadas, ha irrumpido en el horizonte religioso e intelectual de Occidente: hasta qué punto, con la distinción entre lo *verdadero* y lo *falso* en el campo de la religión, el monoteísmo —tal vez sería más apropiado referirse a los monoteísmos (judío, cristiano y musulmán)— ha sido el principal instigador de innumerables situaciones de violencia y persecución del «otro religioso» (interior y exterior) que secularmente han asolado la convivencia y la buena vecindad de las poblaciones euro-

---

mann fueling anti-semitism?», en *The chronicle of higher education* (abril del 2013), en: http://chronicle.com/article/Biblical-Blame-Shift/138457 (última consulta: 3/10/2014).

peas. Creemos que, directa o indirectamente, la reflexión de Jan Assmann se propone contradecir y desmantelar las consecuencias que se desprenden del pensamiento de René Girard sobre la religión como el antídoto más eficaz contra todas las formas de violencia humana.[4] Día tras día, basta con la simple lectura del periódico para constatar las enormes cargas de violencia que, en nombre de la religión y como si de una especie de epidemia se tratara, se descargan en todos los rincones del globo. Al menos a primera vista parece harto evidente que, ya sean judíos, cristianos o musulmanes, la violencia ejercida en nombre de la religión la protagonizan individuos y grupos humanos que a menudo se autocalifican de monoteístas a ultranza. A lo largo y ancho de su libro, Assmann, sacando a relucir sus amplísimos y bien fundamentados conocimientos no solo en el campo de su especialidad, la egiptología, sino también en el de la historia de las religiones (sobre todo, de la hebrea) y la antropología, prosigue esta argumentación, que siempre posee acusados acentos de carácter teológico-político. De esta manera, muestra con claridad e inequívocamente su dependencia intelectual respecto al filósofo y rabino judío Jacob Taubes (1923-1987), de quien, junto con Aleida Assmann, Wolf-Daniel Hartwich y Winfried Menninghaus, ha sido editor de sus escritos.[5]

Creemos que *Violencia y monoteísmo* aporta numerosas claves para que el lector pueda hacerse cargo de las irrenun-

---

[4] *Cf.* sobre todo René GIRARD, *La violencia y lo sagrado*, Anagrama, Barcelona, 1983.

[5] Jacob TAUBES, *Del culto a la cultura. Elementos para una crítica de la razón histórica*, Katz, Buenos Aires, 2006. Sobre Taubes, cuya influencia sobre los esposos Assmann es harto manifiesta, *cf.* Elettra STIMILLI, *Jacob Taubes. Sovranità e tempo messianico*, Morcelliana, Brescia, 2004.

ciables dimensiones políticas de toda religión del pasado y del presente. Tal vez quepa objetar al autor que, según nuestra opinión, su reflexión adolece de una insuficiente puntualización de carácter antropológico, la cual debería ejercer la función de *pre-juicio* en el sentido que Hans-Georg Gadamer otorga a este concepto. El *pre-juicio* por nosotros adoptado en nuestro proyecto antropológico se concreta en la afirmación de que el ser humano no es radicalmente ni *bueno* ni *malo*, sino propiamente *ambiguo*. Por consiguiente, todas sus creaciones y obras —incluida, en primer término, la religión— también participarán de la ambigüedad que es inherente a la condición humana como tal. Desde una perspectiva antropológica, parece que tanto la posición de René Girard como la de Jan Assmann respiren el mismo «aire de familia», a pesar de razonar a partir de presupuestos casi contradictorios. Históricamente, las religiones como articulaciones históricas, culturales y biográficas de lo religioso han dado lugar —y continúan dándolo— a lo mejor y a lo peor, a la santidad y a la violencia más desenfrenada, al amor incondicional y al odio más vengativo y cruel. En cualquier caso, creemos que el conocido helenista Walter Burkert tiene razón al señalar que «en el corazón de toda religión acecha, fascinante, la violencia sangrienta».[6] «Acecha» pero no necesariamente sucumbe a ella el auténtico *homo religiosus*...

LLUÍS DUCH
Montserrat, agosto del 2014

---

[6] *Cf.* el notable estudio de Walter Burkert, *Homo necans. Interpretaciones de ritos sacrificiales y mitos de la antigua Grecia*, Acantilado, Barcelona, 2013, que sitúa el origen de la violencia de la religión en las acciones sacrificiales que, con gramáticas y gestos realmente muy distintos en los diferentes ámbitos históricos y culturales, se hallan siempre presentes en todos los universos religiosos.

OBRAS DE JAN ASSMANN EN ESPAÑOL

Moisés el egipcio, Oberon (Anaya), Madrid, 2003.
Egipto. Historia de un sentido, Abada, Madrid, 2005.
La distinción mosaica o El precio del monoteísmo, Akal, Tres Cantos (Madrid), 2006.
Egipto a la luz de una teoría pluralista de la cultura, Akal, Tres Cantos (Madrid), 2006.
La flauta mágica. Ópera y misterio, Akal, Tres Cantos (Madrid), 2006.
Religión y memoria cultural. Diez estudios, Lilmod, Buenos Aires, 2008.
Historia y mito en el mundo antiguo. Los orígenes culturales de Egipto, Israel y Grecia, Gredos, Madrid, 2011.
Iconoclastia. La ambivalencia de la mirada (en colaboración), La Oficina, Madrid, 2012.

PREFACIO

La religión y la violencia parecen oponerse —al menos así es como nos gusta imaginarlo y como tendría que ser. Debemos ante todo a René Girard el haber interpretado la religión como lo contrario de la violencia con sus notables tesis sobre el fin de esta última, expresadas por primera vez y con una resonancia increíble en su libro *La violence et le sacré* (1972)[1] y posteriormente en otros numerosos estudios. Por eso, resulta aún más paradójico y preocupante constatar que el presunto retorno de la religión, a saber, el innegable e importante crecimiento de los movimientos religiosos en Occidente y sobre todo en Oriente, no ha conducido en absoluto a más pacificación, sino que, contrariamente, ha supuesto un incremento terrible de violencia y de conflicto en la Tierra. La religión se ha convertido en el combustible más eficaz de la violencia política: en lugar de educar a las masas con vistas a la paz, las galvaniza, las arrastra a manifestaciones y a veces a actos de violencia, e incluso incita a algunos individuos a cometer actos terroristas. ¿Qué sucede? Si contemplamos la historia del cristianismo y del islam, no queda gran cosa del ideal de la religión como fin

---

[1] Hay traducción castellana: René Girard, *La violencia y lo sagrado*, Anagrama, Barcelona, 1983. (N. de la T.)

de la violencia. Particularmente, el cristianismo, que Girard encumbra como la superación definitiva de la violencia, ha dejado en la historia un reguero de sangre especialmente amplio, con sus cruzadas, sus guerras de religión, sus persecuciones de brujas y de herejes, sus pogromos contra los judíos, la destrucción de las culturas *paganas* indígenas y las masacres de todos los que confesaban otra fe. La alianza entre la fe y la violencia se remonta al Antiguo Testamento, en el que se describe de manera totalmente glorificante un gran número de actos semejantes de violencia motivados por la religión. Incluso suponiendo que, más que históricas, esas escenas constituyen hechos literarios, no es menos cierto que a menudo han podido servir para la legitimación de acciones violentas en la historia. En el bando cristiano gusta entonces remitir a las persecuciones de los primeros cristianos y a los violentos enfrentamientos entre hindúes y musulmanes a fin de recordar que los paganos y los politeístas no eran mejores y no lo son todavía. Pero me parece que el verdadero desafío no es universalizar esa alianza entre religión y violencia, sino más bien intentar encauzarla y superarla.

En mi opinión, el debate contemporáneo que trata de esas cuestiones de la religión y de la violencia se ve afectado por la falta de precisión que contamina esos conceptos. Lo que he intentado hacer en este ensayo es delimitar y aislar el fenómeno de la violencia religiosa: primero, diferenciándolo de otras formas de violencia, y luego, historizándolo, es decir, devolviéndolo a su contexto histórico de origen. Lo que me interesa es neutralizar en cierto modo algunos textos que, en manos de fundamentalistas, pueden en cualquier momento desencadenar el conflicto. En lugar de convertirse en la servidora de la política, la religión ganaría si se aprehendiera como un contrapoder frente a la política, y su fuerza no debería apoyarse en la violencia, sino en un abandono consecuente de la violencia. Veo el impulso original del monoteísmo bíblico en su capacidad para trazar una frontera entre la dominación y la salvación, entre el poder político y el poder divino, y para desposeer a los dirigentes mundanos de la salvación y a los dirigentes religiosos de la violencia. Es ese impulso, ciertamente inscrito en el cristianismo —en este punto estoy de acuerdo con René Girard— pero jamás realizado, lo que se trata de poner en marcha hoy de manera consecuente.

Constanza, noviembre del 2008

I

CRÍTICA DE LA VIOLENCIA RELIGIOSA

Los tiempos en que se podía interpretar la religión como el opio del pueblo han terminado. Hoy, la religión se presenta más bien como la dinamita del pueblo. Tanto en Oriente como en Occidente, grupos opuestos recurren a la religión cuando se trata de forjar imágenes de enemigos y de movilizar a las masas. Tras el fin de la guerra fría y la pérdida de su enemigo secular, los Estados Unidos erigieron el islam en nuevo enemigo y transformaron su política en función de una confrontación religiosa basada en la doctrina neoconservadora del conflicto de las culturas.[1] Oswald Spengler, un precursor de Samuel P. Huntington, ya había dividido el mundo en su momento en ocho culturas y defendido la tesis de una imposibilidad de traducción entre esas culturas totalmente opuestas.[2] Según esa teoría, las culturas son mónadas sin puertas ni ventanas, cerradas las unas con respecto a las otras, lo cual permite describirlas según el punto de vista de la morfología de Goethe. La única verdad de ese enfoque es, sin lugar a dudas, el hecho de que las culturas hacen a

---

[1] Samuel P. HUNTINGTON, *El choque de civilizaciones y la reconfiguración del orden mundial*, Paidós, Barcelona, 2005 (1.ª ed. americana: 1996).

[2] Oswald SPENGLER, *La decadencia de Occidente. Bosquejo de una morfología de la historia universal*, Espasa-Calpe, Madrid, 2007 (1.ª ed. alemana: 1918-1922).

los hombres más diferentes de lo que lo son por naturaleza. Desde un punto de vista biológico, todos los hombres son idénticos, porque pertenecen a la misma especie del *Homo sapiens sapiens*. La extrañeza debe generarse entonces culturalmente. Ese proceso ha sido descrito por Erik H. Erikson con el nombre de *pseudoespeciación*.[3] Es por la pseudoespeciación cultural por lo que nacen grupos entre la especie *Hombre*, que se oponen como extraños porque hablan lenguas diferentes y mutuamente ininteligibles, distinguiéndose cada uno de ellos por ornamentos, pinturas corporales, maneras de moverse o, más generalmente, costumbres. Esa extrañeza recíproca puede superarse de manera comunicacional, lo que exige técnicas culturales de traducibilidad, o bien puede aguzarse hasta tal punto, que finalmente acabe en antagonismos violentos. El uso de la violencia presupone la superación de las inhibiciones naturales con respecto al acto de matar a los miembros de la misma especie, como han sido masivamente observadas en el reino animal. Así pues, hacer de un igual un enemigo presupone hacer de él un extraño, si seguimos el principio de la pseudoespeciación. El principio que consiste en hacer de los otros unos extraños debe comprenderse como una técnica cultural. Pensadores conservadores como Spengler y Huntington consideran la pseudoespeciación como el destino inevitable de la humanidad, que no puede hacer otra cosa que vivir y constituirse en culturas heterogéneas. Pero entonces se pasa totalmente por alto el hecho de que esa pseudoespeciación cultural estaba desde el principio asociada al desarrollo de técnicas de traducción, que iban precisamente en contra

---

[3] Erik H. ERIKSON, «Ontogeny of ritualization in man», *Philosophical transactions of the royal society of London*, núm. 251B (1966), p. 337-349.

de la formación de los conceptos de extrañeza y de enemistad. La del traductor fue una de las más antiguas tareas que se nos transmitieron a través de los documentos relativos a la división del trabajo. La expresión misma de *dragomán* ('intérprete') conserva, ahora y siempre, el recuerdo de la expresión acadia *ragamou* ('llamar, hablar vehementemente'), así como del término arameo *targoum*, derivado de ella y que no expresa otra cosa que la 'traducción'.[4] Ahora bien, la religión forma parte de las más antiguas e importantes técnicas culturales de traducción, es decir, de producción de transparencia y de comprensión mutua. Muy lejos de considerar la religión de los otros como la quintaesencia de su extrañeza, como hace, por ejemplo, Huntington, se consideró durante mucho tiempo que la religión era el principal punto de apoyo a partir del cual llegar con el prójimo al fundamento contractualmente establecido de una comprensión y de un actuar comunicacional recíprocos —lo que indica, ante todo, un *comercio* mutuo.[5] Por supuesto, las religiones de entonces se estructuraban de manera totalmente diferente de lo que hoy se entiende por el concepto de religión. Se sustentaban en la representación de una articulación simbiótica entre el hombre y el cosmos, y concebían este último como un mundo de dioses con el que el hombre podía ponerse en relación comunicacional por me-

---

[4] Wolfram VON SODEN, «Dolmetscher und dolmetschen im Alten Orient», en *Aus sprache, geschichte und religion babyloniens*, Istituto Universitario Orientale, Nápoles, 1989, p. 343-351.

[5] Debe entenderse aquí el término *comercio* en el sentido —ya en desuso— del trato y la comunicación que las gentes y los pueblos establecían con otras gentes y con otros pueblos, y no tanto en su sentido convencional de negociar una compraventa o intercambiar determinados bienes y servicios. (N. de la T.)

dio de cultos. La gran realización civilizacional de las religiones politeístas residía en la articulación de los poderes a los que el hombre se creía expuesto, respecto a ciertas figuras, nombres y funciones. Eso es lo que hacía posible la puesta en relación de las divinidades de un grupo humano con las de otro y, en consecuencia, la traducción mutua. Eso posibilitaba el establecimiento de contratos internacionales, que se apoyaban en el reconocimiento mutuo de los dioses del prójimo. Mientras el prójimo creyera en dioses, podía uno fiarse de él.

He presentado este sistema en numerosos ensayos y obras, y no quiero extenderme aquí de nuevo sobre ello.[6] Lo que me parece decisivo en la cuestión que me ocupa es únicamente la tesis que ha provocado mucha indignación del lado de los teólogos, a saber, que el monoteísmo marcó el fin de esa traducibilidad mutua. Porque lo propio de esa forma radicalmente nueva de religión es justamente considerar a los adeptos de otras religiones como extraños y enemigos, esto es, como enemigos de Dios. La religión de los otros es en lo sucesivo considerada como la quintaesencia del enemigo. Me basta con recordar en ese contexto los pasajes bíblicos concernientes al sacrificio de los niños, al culto de los ídolos, a la magia, a la adivinación y a otros *horrores*. La religión deviene en lo sucesivo el más importante generador de extrañeza y de enemistad, y la diferencia entre judíos y gentiles, cristianos y paganos, musulmanes y no creyentes —y, en consecuencia, entre la *casa del islam* y la *casa de la guerra*—, llega a introducir en el mundo una forma totalmente nue-

---

[6] Jan ASSMANN, «Translating Gods: religion as a factor of cultural (un)translatability», en Sanford BUDICK / Wolfgang ISER (ed.), *The translatability of cultures. Figurations of the space between*, Stanford University Press, Stanford, 1996, p. 25-36; IDEM, *Moisés el egipcio*, Oberon (Anaya), Madrid, 2003.

va de pseudoespeciación. Es evidente que la propagación de religiones mundiales debe acompañarse de la abolición de otras fronteras políticas y culturales, es decir, de la abolición de especiaciones nacionales. Eso es indiscutible. Que malayos, pakistaníes, pastunes, saudíes, libios, sudaneses y marroquíes pudieran establecer una solidaridad política común que superara de lejos todos los límites nacionales, lingüísticos y culturales, eso habría sido imposible sin la nueva religión común. Esas nuevas religiones se apoyan en un nuevo concepto enfático de verdad, asociado con la idea de revelación y que bloquea la forma antigua de traducibilidad —he ahí otra de mis tesis que ha generado un gran número de críticas.[7] Las religiones antiguas se sustentaban, precisamente, en un concepto débil de verdad: todos los dioses son verídicos a su manera, tanto los nuestros como los de los otros. No era una cuestión de creencia sino de saber y, por tanto, de articulación icónica, lingüística y teológica. Porque la existencia de las divinidades, de eso era cuestión entonces, podía parecer perfectamente evidente en la medida en que se trataba de datos cósmicos o sociales, tales como el sol y la luna, el cielo y la tierra, el amor y la guerra, la escritura, el calendario, el tiempo y la muerte, el invierno y el verano, la luz y la oscuridad, la amistad y la discordia, y así sucesivamente. Las nuevas religiones reveladas pusieron término a ese sistema. Se consideraban las detentadoras de una verdad que situaría automáticamente toda forma de alteridad en el ámbito de la no verdad. Ya no hay lugar para la

---

[7] Jan ASSMANN, «The mosaic distinction: Israel, Egypt, and the invention of paganism», *Representations*, núm. 56 (1996), p. 48-67; IDEM, *Moisés el egipcio*; IDEM, *La distinción mosaica o el precio del monoteísmo*, Akal, Tres Cantos (Madrid), 2006 (1.ª ed. alemana: 2003).

traducción, sino solamente para la conversión, ya sea fomentada de manera violenta, como en el islam de los orígenes, ya sea alcanzándose de modo comunicacional, como en el cristianismo, o ya sea postergada hasta el fin de los tiempos en el caso del judaísmo, con la llegada del Mesías. Me es posible traducir al extraño a mi propia lengua, pero no puedo traducir lo falso al lenguaje de lo verdadero.

No es más que sobre la base de esa nueva construcción de una relación fundamental entre Dios, el hombre y el mundo sobre la que nació el fenómeno al que se consagra este ensayo: el fenómeno de la violencia religiosa. A fin de calibrar lo que hay de específico en la violencia religiosa, comenzaré por una crítica de la violencia haciéndome eco del célebre ensayo de Walter Benjamin sobre el mismo tema.[8] En esa obra, Benjamin distingue entre la violencia *mítica* y la violencia *divina*. La primera es fundadora del derecho y de los Estados, mientras que la segunda es, contrariamente, capaz de suspender el derecho y de disolver los Estados. Benjamin sigue ahí, indefectiblemente, la tradición de un anarquismo utópico que ve la salvación en la superación de la pseudoespeciación política y económica, es decir, de los Estados y de las clases sociales. Como el monoteísmo, se trata de un proyecto de destrucción de la pluralidad que contradice —por lo tanto— el ideal de la traducibilidad y que además culmina —si se piensa en su representante más radical, Mijaíl Baku-

---

[8] Walter BENJAMIN, «Para una crítica de la violencia» [1921], en *Para una crítica de la violencia y otros ensayos. Iluminaciones IV*, Taurus, Madrid, 1991, p. 23-45. *Cf.* igualmente, respecto a ese tema, Jacques DERRIDA, *Fuerza de ley. El fundamento místico de la autoridad*, Tecnos, Madrid, 2008 (hay que señalar que la versión inglesa de ese texto de Derrida apareció a partir de 1990 y la versión alemana, a partir de 1991).

nin— en la disposición más absoluta a la violencia. Contrariamente a Benjamin, me gustaría distinguir no entre dos, sino entre seis tipos de violencia. Y una vez más a diferencia de Benjamin, me situaré ahí al nivel de reflexiones muy prosaicas, pero que espero sean evidentes.

El primer tipo de violencia es el de la «violencia pura». Podría también calificarse de violencia afectiva: descansa en las tres pasiones de la ira, de los celos y del miedo, que pueden distinguirse como pasiones timóticas, eróticas y fóbicas, si seguimos el notable reciente trabajo de Peter Sloterdijk sobre el campo de lo *timótico*.[9] Sus expresiones más importantes son la rivalidad o, todavía más, los celos, como los que están en el fundamento del asesinato de Caín por Abel, o también el orgullo herido o el honor pisoteado, como ilustra la ira mítica de Aquiles. La envidia o, aún más, el deseo, pueden ponerse en paralelo con el *deseo mimético*, del que René Girard quiere hacer el motor de la historia mundial —con el reduccionismo monocausal típico del enfoque psicoanalítico— en el sentido de una pulsión de imitación que focaliza nuestro deseo en la acción y el haber del prójimo.[10]

---

[9] Peter SLOTERDIJK, *Ira y tiempo*, Siruela, Madrid, 2010. Sloterdijk distingue entre dos grupos de afectos: los afectos *eróticos*, como formas de deseos relacionados con un objeto, y los afectos *timóticos*, como formas de autoafirmación orgullosa, colérica, ambiciosa y gloriosa. Podrían atribuirse, con Sloterdijk, los *celos* o cualquier forma de deseo mimético al polo erótico, y la ira, al polo timótico de la vida afectiva humana. Pero ¿bajo qué categoría clasificar el *miedo*? Es posible que la diferenciación de los afectos en eróticos y timóticos sea demasiado restrictiva, y en ese caso convendría admitir afectos de un tercer orden, a saber, los afectos fóbicos.

[10] René GIRARD, *La violencia y lo sagrado*, Anagrama, Barcelona, 1983; IDEM, *El chivo expiatorio*, Anagrama, Barcelona, 1986. Sobre la *teoría mimética* de René Girard, *cf.* igualmente Wolfgang PALAVER, *René Girards*

Bajo el concepto de fóbico sitúo el miedo y el temor. Me gustaría suponer que el miedo como principio de violencia se comprende de manera evidente. En el sentido de *legítima defensa*, ese uso de la violencia es todavía hoy reconocido jurídicamente, lo que explica igualmente por qué se utiliza sin escrúpulos con fines políticos. Basta con recordar aquí las supuestas *armas de destrucción masiva* que poseía Iraq para justificar el uso de la fuerza por parte de los Estados Unidos. Como demuestra ese ejemplo reciente, la violencia afectiva constituye una especie de materia prima que permite producir una energía política con la ayuda de la propaganda y de la movilización de masas, y que puede conducir a ganar las elecciones, así como a la disposición de grandes sumas de dinero. A eso se opone el islamismo con su movilización de la ira, nacida de un orgullo humillado. Los unos agitan la idea de la amenaza, mientras que los otros les responden con el sentimiento de la humillación, y sirven así a sus intereses mutuos sin dejar de dar al otro grupo nuevas razones para sentirse amenazado y humillado. En ambos casos tratamos con la instrumentalización política de la violencia afectiva, cuyo argumento escribió Huntington con su teoría del conflicto de las culturas. Una cultura de la traducibilidad y del reconocimiento habría neutralizado, contrariamente, los recursos afectivos de los que se sirve semejante política fundada en el enfrentamiento.

La violencia nacida de la ira se expresa a través de la venganza; la violencia nacida del miedo se traduce por *legítima defensa* o, aún más, por *ataques preventivos*; y la violencia nacida de la envidia tiene tendencia a encubrirse con los ata-

---

mimetische theorie im kontext kulturtheoretischer und gesellschaftspolitischer fragen, LIT Verlag, Münster, 2003.

víos del *derecho del más fuerte*, del que puede encontrarse una especie de modelo primitivo en el diálogo de los melios en las historias de la guerra del Peloponeso de Tucídides. Las tres son formas de violencia pura.

Es contra la *violencia pura* contra la que se dirige la violencia cultural, de la que pueden distinguirse cinco formas. La primera, que es aún relativamente próxima a la violencia pura en su base afectiva, es la *violencia social*. Se trata de la violencia que ejercen los padres sobre sus hijos, los maridos sobre sus esposas, los empleadores y los dirigentes respecto a sus subordinados, etc. Se trata, pues, de una violencia que se expresa en el interior de relaciones sociales: no solo se expresa por el afecto (lo que vendría a ser violencia pura), sino que se forma culturalmente a través de representaciones tales como el honor, la educación y la disciplina; no es asimismo regulada jurídicamente, como la *patria potestas* romana, puesto que entonces equivaldría a *violencia jurídica*, que constituye un segundo tipo de violencia cultural. Mientras que las fronteras entre la violencia pura y la violencia social son todavía bastante borrosas, la violencia jurídica marca una separación estricta con relación a la violencia pura. Esa violencia jurídica o violencia del derecho es una contraviolencia, una violencia cuyo objetivo es la eliminación de la violencia pura. Ella permite establecer una distinción entre el derecho y el no derecho, al contrario que la violencia pura. La finalidad de la violencia jurídica es el establecimiento de una esfera jurídica de donde sería excluida la violencia pura. En el seno de esa esfera vale el principio de que la violencia no debe jamás ejercerse en función del interés privado o propio. El interés privado no tiene el derecho de perseguirse más que utilizando los *medios legales*. La violencia extrajurídica es criminalizada, y esa es la razón por la que el derecho debe aliarse con la violencia. Un derecho sin violencia no tendría efecto: las leyes deben, como suele decirse, «adquirir fuerza de derecho», y esa fuerza solamente se sustenta en la amenaza creíble de sanciones. La ventaja de la violencia jurídica es su virtualización. La violencia pura no conoce más que el modo de la actualidad, mientras que la violencia del derecho funciona igualmente sobre el modo de la virtualidad, pero solamente si puede ser actualizada de manera eficaz en el caso de una transgresión. La violencia pura siempre es ejercida en beneficio propio, mientras que la violencia del derecho es ejercida en provecho del demandante, lo que permite disociar la violencia del derecho de la base afectiva de la violencia. Los jueces y los verdugos no tienen necesidad de estar enfadados para poder pronunciar o ejecutar un fallo.

En un tercer nivel, conviene distinguir entre la violencia jurídica y la *violencia de Estado*, en la medida en que esta última se dirige hacia el exterior y no se funda en la distinción entre derecho y no derecho, sino entre amigo y enemigo. Sabemos que Carl Schmitt creyó poder establecer de manera definitiva el concepto y la esencia de lo político en la distinción entre el amigo y el enemigo.[11] Sin embargo, eso queda demasiado corto en la medida en que la distinción entre el amigo y el enemigo presupone ya un concepto de lo político susceptible de distinguir entre el enemigo político y el enemigo privado.[12] La distinción entre amigo y enemigo no está en el fundamento de lo político en general, sino so-

---

[11] Carl SCHMITT, *El concepto de lo político* [1932], Alianza, Madrid, 2014.
[12] *Cf.* al respecto Dieter CONRAD, *Gandhi und der begriff des politischen. Staat, gewalt, religion*, Wilhelm Fink, Múnich, 2006.

lamente en el de la violencia que es ejercida en nombre del Estado contra los enemigos interiores y exteriores de este. La distinción entre violencia del derecho y violencia de Estado puede recurrir a la categoría del estado de excepción, que es constitutivo para la teoría de la soberanía de Carl Schmitt. El estado de excepción se caracteriza por la limitación de la violencia del derecho: se considera, en lo sucesivo, que los intereses del Estado prevalecen sobre los intereses del derecho, que la violencia del Estado se extiende, por consiguiente, a dominios que son o bien han sido protegidos por la violencia del derecho. Eso conduce a hacer desaparecer típicamente los límites entre la violencia pura y la violencia jurídica. La violencia de Estado es, por consiguiente, más compleja que la violencia jurídica y no conoce asimismo la separación de la base afectiva de la violencia, no obstante, característica de la violencia del derecho. Muy al contrario, la violencia de Estado está precisamente obligada a fomentar el amor al Estado y el odio a los enemigos tanto interiores como exteriores, conforme experimentamos actualmente en Occidente y en Oriente. Ese odio puede estar alimentado de ira, de temor, de miedo o, también, de envidia o de celos. La pseudoespeciación juega ahí un papel preponderante, bajo la forma del proceso que consiste en hacer del adversario una especie diferente, ya sea caracterizado como enemigo de raza, de clase o de religión.

Pero existen aún otras dos formas de violencia cultural. Solo con ellas entramos, hablando con propiedad, en el campo de lo religioso.

La cuarta forma de violencia cultural es la *violencia ritual*. La violencia ritual aparece principalmente en dos contextos: el del sacrificio y el de la iniciación. Entre los aztecas, los prisioneros eran ofrecidos en sacrificio al sol a fin de fortalecerlo. Típicamente, el sentido del sacrificio es afirmar el curso del mundo y prevenirse contra toda forma de desorden. El monoteísmo bíblico expresó su más grande repugnancia respecto a los sacrificios humanos, pero mantuvo los sacrificios animales hasta la destrucción del Segundo Templo. El cristianismo, una vez convertido en religión de Estado, exigió entonces la supresión de los sacrificios animales, sobre todo porque estaban asociados con prácticas de adivinación. De una manera general, puede decirse que el monoteísmo suprimió la violencia ritual. En cuanto a la iniciación, se asocia generalmente con torturas, con causar heridas y con pruebas peligrosas. De semejante adversidad es garante aún *La flauta mágica* de Mozart, con su propia versión del ritual de iniciación en los misterios de Isis. Nietzsche interpretó eso como una mnemotécnica social: el iniciado es aquel que abandona su identidad privada y adquiere una identidad social, que no debe en ningún caso olvidar. Y únicamente «lo que no deja nunca de hacer daño permanece en la memoria», como dice Nietzsche. La violencia iniciática tiene por función marcar la vida de manera determinante; ennoblece a los principiantes y los transforma en miembros honorables de una nueva sociedad.

Por último, el quinto tipo de violencia cultural es el que yo calificaría *de violencia religiosa*, y que defino como 'la violencia ejercida en nombre de la voluntad de Dios'. Mi tesis es que semejante tipo de violencia no tomó forma más que con la emergencia del *monoteísmo*. Para desarrollar ese tema, me siento en la obligación de volver brevemente sobre la violencia sacrificial. Se me podría objetar que la violencia ejercida en nombre de Dios aparece igualmente en el politeísmo, por ejemplo, en los casos en que una violencia sacrificial invoca la voluntad de una divinidad, como cuando Agamenón cree, en el puerto de Áulide y a causa de un oráculo, tener que sacrificar a su hija Ifigenia para ofrecérsela a Artemisa, porque la ausencia de viento va a comprometer la salida de la flota griega hacia Troya. Es, desde luego, posible encontrar transiciones progresivas. En las culturas de adivinación, la violencia sacrificial es generalmente ejercida para cumplir la voluntad divina y para prevenirse contra una desgracia anunciada, de manera que podría concluirse de ello que en esos casos ya se mataba en nombre de la voluntad de Dios. Pero también podrían leerse numerosas escenas de violencia bíblica a la inversa, como el empleo de una violencia sacrificial con vistas a conjurar desórdenes o catástrofes, como, por ejemplo, la ejecución de los tres mil como respuesta a la escena del becerro de oro, a fin de evitar el exterminio del pueblo entero a causa de la ira divina. No obstante, esos tres mil no fueron muertos de manera ritual, como tampoco lo fue Zimrí, el hijo de Salú, a manos de Pinjás, o los cuatrocientos sacerdotes de Baal por parte de Elías. Es, por consiguiente, recomendable no establecer una distinción demasiado estricta entre violencia sacrificial y violencia religiosa, sino que más bien hay que concebirlas como los dos polos de una escala de transiciones progresivas. El denominador común se encuentra en la teología de la voluntad.

En el marco de la violencia sacrificial, el llamamiento a la voluntad de Dios sigue siendo excepcional, ya sea esta mediatizada por la adivinación o bien expresada por un oráculo. En cuanto a la regla, ella es la víctima expiatoria, determinada de manera casi rutinaria. El sentido del sacrificio es la comunicación, y la ofrenda de una víctima es el medio privilegiado para entrar en contacto con el mundo de los dioses. En las culturas fundadas en la adivinación, como en Mesopotamia, en Grecia o en Roma, el sacrificio animal sirve precisamente para mediatizar (y no para cumplir) la voluntad de los dioses. Pero, en general, el envite del sacrificio consiste en provocar una influencia positiva o, para decirlo en términos religiosos, una *reconciliación* con el mundo de los dioses, es decir, consiste en restablecer una armonía simbiótica entre el mundo de los dioses y el de los hombres, o sea, entre el cosmos y la sociedad, sobre la base de un código comunicacional en el cual la ejecución constituye una de las entidades comunicacionales centrales y efectivas. La violencia se integra ahí en un marco comunicacional; no es, por tanto, lo contrario de toda comunicación, y está, por consiguiente, permitido preguntarse en qué medida se puede hablar ahí con propiedad de violencia. El *homo necans* no es un hombre de violencia, sino que es el sacerdote que se sirve de la ejecución como un medio prescrito y privilegiado con vistas a una comunicación con el otro mundo.

¿Qué es, entonces, la violencia religiosa? Entiendo por esta una violencia que distingue entre amigo y enemigo en un sentido religioso, una violencia fundada ella misma, en última instancia, en una distinción entre lo verdadero y lo falso. En cuanto a la violencia sacrificial, ella distingue entre lo puro y lo impuro. Solo lo que es puro puede ser sacrificado. Lo verdadero y lo falso no desempeñan ahí ningún papel. Por lo que respecta a la violencia religiosa, esta se dirige contra los enemigos de Dios. En la segunda parte de este estudio desearía interesarme por los orígenes de la violencia religiosa. Para ello tengo que precisar de inmediato que esa pretensión está destinada a deconstruir la relación entre religión y violencia por medio de una reconstrucción genealógica. Considero nefasta y absurda la asociación entre religión y violencia.

No abogo, sin embargo, por un retorno al politeísmo antiguo, concebido como una cultura del reconocimiento y de la traducibilidad mutuos, sino por un paso adelante hacia una forma de religión como no ha cesado de aparecer desde el siglo XVIII y que me parece, hoy, más urgente que nunca. Una fenomenología de la violencia religiosa consistiría en partir de las formas en las que esa violencia se encuentra hoy —como, por ejemplo, en el terrorismo islámico, en los excesos de los hindúes contra los establecimientos islámicos, en los asesinatos políticos, como el de Anuar El Sadat o el de Yitzhak Rabin— y en remontar en la historia a partir de estas, por ejemplo, hacia las cruzadas y las hogueras cristianas, las conquistas islámicas, y así sucesivamente. Por mi parte, prefiero seguir la vía de una genealogía de la violencia religiosa que se interesa por sus orígenes y que debe, por esa razón, estar lo más cerca posible del Antiguo Testamento. Semejante empresa es, todavía hoy, muy mal vista: la Biblia hebraica es el texto sagrado del judaísmo, y cualquier crítica del mundo de las representaciones veterotestamentarias despierta inmediatamente una sospecha de antisemitismo. Considero absurdas esas acusaciones. Al judaísmo se lo puede considerar responsable de su relación con la Biblia hebraica pero no de su origen. Y conviene precisar aquí de inmediato que, en la relación del judaísmo con la Biblia hebraica, los textos literarios que apelan a la violencia no fueron jamás traspuestos a violencia histórica —dejando aparte las guerras de los macabeos y otras formas de resistencia judía contra las potencias extranjeras de la Antigüedad. Muy al contrario, la práctica exegética judía exploró muy pronto horizontes de interpretación humanizantes, que condujeron a neutralizar su semántica explosiva.

II

LA SEMÁNTICA DE LA RUPTURA

Natura non facit saltus —«La naturaleza no da saltos». El origen de ese credo de Charles Darwin es generalmente atribuido a Leibniz. La idea misma se remonta a Aristóteles, pero es Maimónides, el más grande filósofo judío del siglo XII, quien precisamente la desarrolló con relación al monoteísmo y a la revelación.[1] Si queremos saber cómo actúa Dios en la historia, escribe Maimónides, debemos primero examinar la manera que tiene de actuar en la naturaleza. Ahora bien, observamos que todo procede a través de pasos progresivos. No es posible pasar de un extremo al otro más que a través de la sucesión de una infinidad de muy pequeños pasos y de rodeos considerables. Maimónides estima que hay que imaginarse la revelación de la misma manera: como el proceso de una transformación progresiva y de un crecimiento natural. La evolución —y no la revolución— es el principio fundamental de la naturaleza y, por lo tanto, también del actuar divino en el mundo.

La cultura obedece, sin embargo, a otras reglas, como ha demostrado Aleida Assmann en su libro *Zeit und Tradition*.[2]

---

[1] MAIMÓNIDES, *Guía de los Descarriados. Tratado del conocimiento de Dios*, libro tercero, capítulo XXXII, Orión, México, 1947 (ed. digital a cargo de Fernando Valera), p. 170-171.

[2] Aleida ASSMANN, *Zeit und Tradition. Kulturelle strategien der dauer*,

El axioma fundamental está aquí: *Cultura facit saltus*. Es, por supuesto, posible que los grandes momentos cruciales y las grandes transformaciones culturales hayan sido preparados de manera imperceptible a través de pasos progresivos. Pero la memoria cultural los pone en escena y los recuerda como saltos. Quizá es así como finalmente se desarrollara en realidad el monoteísmo a partir del politeísmo. En cambio, en la presentación bíblica, el monoteísmo es puesto en escena como un salto y una ruptura revolucionaria, de una radicalidad tal, que parece impensable de otro modo. Los cuatrocientos treinta años de estancia de Israel en Egipto borran cualquier continuidad con el periodo anterior de los padres, y la salida de Egipto es una ruptura con todas las tradiciones egipcias que habían sido entretanto adoptadas. La revelación de las leyes en el desierto del Sinaí es un nuevo comienzo radical, lo contrario de una evolución plurisecular, una intervención milagrosa y, se mire por donde se mire, extraordinaria de Dios en la historia, que interrumpe el curso de los tiempos históricos al igual que el desarrollo natural. Esa revelación sienta los cimientos de una nueva época cortando de golpe con las precedentes. Así es como funciona la cultura: así es como se comprende ella misma, como se pone en escena, y así es, sobre todo, como practica su propio recuerdo. *Cultura facit saltus*.

Quizá es en esa puesta en escena narrativa donde también reside la clave del problema que nos ocupa aquí: el monoteísmo y el lenguaje de la violencia. ¿Por qué los textos bíblicos describen la fundación y la victoria de la religión monoteísta con imágenes tan violentas? La idea monoteísta,

---

Böhlau, Colonia / Weimar / Viena, 1999, p. 47-53.

II LA SEMÁNTICA DE LA RUPTURA

que implica la adoración exclusiva de un solo Dios en lugar de una multitud de dioses, así como la distinción entre una religión verdadera y una religión falsa, entre un Dios verídico y falsos dioses, ¿es una forma de violencia?

La actualidad de esas preguntas es evidente, ya que no es el pasado mismo, sino su memorización, lo que motiva y dirige nuestras acciones. El retorno de la religión, que constatamos desde hace varios decenios, está vinculado de manera preocupante con la violencia, con la amenaza, con el odio y con el miedo, así como con la producción de enemigos. Esa es la razón por la que no podemos sustraernos a la pregunta acerca de la relación entre el monoteísmo y la violencia.

Pero también sé muy bien que, con ese tema, penetro en terreno minado. Desde la época de las Luces, es decir, al menos desde hace trescientos años, se reprocha a la Biblia, y en particular al Antiguo Testamento, el lenguaje de la violencia. Numerosos argumentos esgrimidos por la crítica filosófica de la religión fueron más tarde retomados por los antisemitas de los siglos XIX y XX y convertidos en clichés antijudaicos, como, por ejemplo, la imagen innoble del «Dios vengativo del Antiguo Testamento» —que a veces hasta iba a oponerse al supuesto «Dios del amor del Nuevo Testamento»—, de tal manera que ha llegado a ser difícil hoy en día citar ciertos pasajes bíblicos sin correr el riesgo de ser inmediatamente mal comprendido. Nada más lejos de mi intención, sin embargo, que avivar esa polémica anticuada y estéril. Por otro lado, me parece que no se puede resolver el problema que plantean esos pasajes por el simple hecho de atribuirles un carácter de tabú. El lenguaje de la violencia que encontramos en los escritos sagrados de los judíos, cristianos y musulmanes, así como en otras numerosas religiones fundadas en un concepto exclusivo de verdad, es un fenómeno que requiere ser comprendido más allá de toda crítica y polémica, y eso tanto más cuanto que el mundo de hoy en día conoce una explosión de violencia religiosa sin precedentes y la cual no parecía haber sido prevista por nadie. Habida cuenta de la situación actual del mundo, no podemos, por consiguiente, permitirnos ignorar la cuestión de saber si tal vez no habría una relación entre el concepto exclusivo de verdad propio del monoteísmo y el lenguaje de la violencia; debemos analizar esa posible relación, incluso someterla a una terapia. Porque es precisamente a un trabajo analítico y arqueológico de memoria al que se había entregado Sigmund Freud en su último libro, tumbando, en cierto modo, el monoteísmo en el diván.[3]

Es a esa empresa a la que querría aferrarme, e intentar someter el lenguaje bíblico de la violencia a una reflexión que no compete a la teología sino a la teoría de la cultura y de la historia, con todo el respeto y toda la mesura que se imponen. Hago aquí referencia a eso que he calificado de «semántica cultural», un concepto cuyos fundamentos senté en mi obra *Ägypten. Eine Sinngeschichte*.[4] Entiendo por *semántica cultural* los grandes relatos y las diferencias directrices por medio de los cuales una sociedad se orienta en el mundo y en el tiempo, y que se expresan en sus mitos fundadores, sus símbolos, sus imágenes y sus textos literarios. Las semánticas culturales se transforman y se solapan mutuamente; no podemos representárnoslas como una estructura monolíti-

---

[3] Sigmund FREUD, *Moisés y la religión monoteísta y otros escritos sobre judaísmo y antisemitismo* [1939], Alianza, Madrid, 1981.
[4] Hay traducción castellana: Jan ASSMANN, *Egipto. Historia de un sentido*, Abada, Madrid, 2005. (N. de la T.)

II LA SEMÁNTICA DE LA RUPTURA

ca y hermética. Determinan la acción y lo vivido, el pensamiento, el recuerdo y la planificación de todos aquellos que viven dentro de su horizonte, de un modo a la vez decisivo y en gran parte inconsciente. El monoteísmo constituye, él también, una tal semántica cultural o un paradigma semántico, que se articula bajo la forma de grandes relatos y de diferencias directrices.

Mi pregunta es, por tanto, la siguiente: ¿qué función cumple la violencia en los textos en los que el monoteísmo bíblico relata y rememora su propia formación, así como su victoria? Se advertirá que no pregunto «¿por qué el monoteísmo se impuso de manera tan violenta?», sino «¿por qué su victoria es presentada y rememorada en el lenguaje de la violencia?» El problema del que parto no es, pues, la violencia, sino el *lenguaje* de la violencia, las escenas de masacres, las acciones punitivas, el derramamiento de sangre, las deportaciones, los divorcios forzados de matrimonios mixtos, y así sucesivamente, con ocasión de los cuales el monoteísmo relata en la Biblia hebraica la historia de su génesis y de su victoria progresiva. Tal es el caso de la salida de Egipto, granjeada con la violencia de las plagas enviadas por Dios, y más aún el de la toma del territorio de Canaán por una violencia guerrera, e incluso el de la revelación en el Sinaí, que constituye el acto fundador de la religión monoteísta, al que está indisolublemente ligado el episodio del becerro de oro y sus violentas consecuencias. Es todavía el caso del relato de la disputa entre el profeta Elías y los sacerdotes de Baal, que acaba con la masacre de estos últimos (1Re 18), del baño de sangre al que se entrega Jehú en su «celo por el Señor» (2Re 10,16) contra las familias reales y los funcionarios de Acab y de Ocozías, contra los sacerdotes de Baal (2Re 10), de las masacres en el marco de la reforma josiánica, así como de otros acontecimientos similares que acompañan la etnogénesis israelita y la introducción del monoteísmo —puesto que los dos procesos vienen a ser lo mismo— y que son presentados en la Biblia con todos los signos distintivos de la violencia. Es sobre todo a partir del momento en el que ya no se consideran esos acontecimientos como históricos, sino cuando se los toma por cuentos y leyendas en los que una sociedad se construye y se reconstruye un supuesto pasado para dar a sus objetivos y problemas presentes un sentido y una perspectiva —y, por lo tanto, cuando se toman por relatos simbólicos—, cuando la pregunta por su significado se plantea de manera particularmente insistente. Mi pregunta es, por consiguiente, la del significado de esas imágenes. ¿Por qué se narran semejantes historias? ¿Qué significan para la imagen de sí mismo del grupo que ha vivido con y en ellas, y qué significan hoy en día para nosotros? No afirmo, como no se me deja de acusar de ello, que el monoteísmo habría introducido la violencia, el odio y el concepto de pecado en un mundo que habría sido hasta entonces pacífico.[5] Como todos sabemos, el mundo ya estaba lleno de violencia, de odio y de pecado mucho antes de la aparición del monoteísmo. Me contento con hacer constar que el monoteísmo es una religión cuyos textos canónicos conceden un lugar sorprendente a los temas de la violencia, del odio y del pecado, y en la que toman otro significado, específicamente religioso, con relación a las religiones *paganas* tradicionales. En estas últimas, la violencia se presentaba en

---

[5] *Cf.*, a ese respecto, las críticas recogidas en el anexo de la edición alemana de mi libro *La distinción mosaica o el precio del monoteísmo*, Akal, Tres Cantos (Madrid), 2006 (*Die mosaische unterscheidung oder der preis des monotheismus*, Hanser, Múnich, 2003).

II LA SEMÁNTICA DE LA RUPTURA

el contexto del principio político de la dominación, pero no en el de la cuestión de Dios. La violencia era ahí una cuestión de poder, en ningún caso de verdad.

¿Por dónde empezar? Deberíamos comenzar por ponernos de acuerdo en lo que entendemos por monoteísmo. El monoteísmo se nos presenta en la historia bajo dos formas. La primera se deja reducir a la fórmula siguiente: «Todos los dioses son Uno.» Y la segunda a esta otra: «No hay otros dioses fuera de Dios.» La primera fórmula se puede encontrar en textos egipcios, babilonios e indios, así como en la Antigüedad grecorromana. Queremos denominar esa forma de monoteísmo con el nombre de *monoteísmo inclusivo*. Como formuló un día C. S. Lewis, esa forma de monoteísmo no constituye lo opuesto sino, contrariamente, el estado de madurez del politeísmo.[6] Todas las religiones politeístas conducen finalmente a la constatación de que todos los dioses son uno solo. La segunda fórmula aparece por primera vez hacia 1350 a. C., en los textos del Akhenatón de Amarna,[7] y después, por supuesto, de manera masiva en el monoteísmo judío, cristiano

---

[6] C. S. Lewis opina que, «más que el rival del politeísmo, al monoteísmo debe considerársele su estado de madurez. Allí donde el politeísmo se combina con cualquier poder especulativo u ocio favorable a la especulación, tarde o temprano el monoteísmo aflora como un desarrollo natural. Según entiendo, el principio está bien ilustrado en la historia de la religión india. Detrás de los dioses emerge el Uno; y estos dioses, al igual que los hombres, son solo sus sueños. Esa es una de las formas de disponer a los Muchos. [...] Los dioses son tomados como aspectos, manifestaciones, encarnaciones temporales o parciales del poder singular» (C. S. Lewis, *La alegoría del amor. Un estudio sobre tradición medieval*, Editorial Universitaria, Santiago de Chile, 2000, p. 53).

[7] Erik Hornung, *Echnaton. Die religion des lichts*, Artemis & Winkler, Zúrich, 1995, p. 103 y s.

y musulmán. Esa forma, en la que Lewis no había pensado, podría caracterizarse como un *monoteísmo exclusivo*. No procede del politeísmo como el resultado de una evolución, sino que, contrariamente, se opone al politeísmo en el sentido de una revolución. En el marco de nuestra temática, el envite se sitúa al nivel de ese monoteísmo exclusivo y revolucionario, porque es el único que habla el lenguaje de la violencia. Con esa definición me siento igualmente inmunizado contra aquellos que le reprochan a mi concepto de monoteísmo no ser más que un fantasma ahistórico, que no habría existido jamás en la historia y que sería imposible encontrar en la Biblia.[8] Nadie podrá afirmar con seriedad que la divisa «¡No hay otros dioses!», o incluso «No hay otros dioses fuera de Dios», jamás habría existido o jamás habría sido defendida. Es por ese principio («¡No hay otros dioses!») por el que me intereso; no tiene ningún paralelo en las primeras religiones y no puede tampoco ser deducido de ellas como una evolución tendencial.

El carácter revolucionario del monoteísmo bíblico, la ruptura radical que lleva a cabo con las tradiciones religiosas de las culturas circundantes, así como con su propia tradición, tal como es fustigada sin piedad en los libros históricos de la Biblia, no es, pues, un fenómeno de la historia, sino más bien de la historia de la memoria. La historia guarda relación con la manera en que el monoteísmo se impuso definitivamente en Palestina; la historia de la memoria, en cambio, guarda relación con la manera en que la Biblia reconstruyó mediante el recuerdo y presentó a través del relato esa vía del

---

[8] Peter SCHÄFER, «Das jüdische monopol», *Süddeutsche Zeitung* (13 de agosto del 2004).

monoteísmo. En lo que concierne a la historia, la teología y las ciencias de la religión parecen estar de acuerdo con el hecho de que el monoteísmo (entendido como adoración exclusiva de un Dios único y rechazo fundamental de la existencia de otros dioses) salió progresivamente del politeísmo de las primeras religiones orientales pasando por diferentes etapas intermedias, como el *henoteísmo* (la singularización de un solo Dios más allá de los otros numerosos dioses) y la *monolatría* (la adoración de un solo Dios reconociendo la existencia de otros dioses). Esa teoría me parece totalmente plausible. Por una parte, se observa, en efecto, que un henoteísmo de contornos relativamente claros se deja ya percibir en las primeras religiones politeístas, que ponen a un solo Dios más alto que a los otros hasta el punto de que todos tienden a disolverse en ese Dios único («Todos los dioses son uno solo»). Por otra parte, las investigaciones de los últimos decenios han mostrado cada vez más claramente que el Dios de Israel no era al principio nada más que un jefe de panteón, que superaba muy ampliamente a todos los otros dioses. Para establecer eso, podemos fundarnos en fuentes muy diferentes, arqueológicas o literarias. Eso que la Biblia presenta como una recaída hacia un paganismo superado desde hace mucho tiempo hay que comprenderlo como la religión normal y oficial de Israel, de cuyo seno el monoteísmo solo llegó a emerger lentamente, bajo la presión de las catástrofes políticas de los siglos VIII al V. Las fuentes arqueológicas demuestran el hecho de que había dioses en Israel, y las fuentes literarias dejan traslucir claramente que la existencia de otros dioses no solo no era cuestionada, sino que incluso era admitida. En importantes partes del Antiguo Testamento, no se trata tanto de monoteísmo como de monolatría. En el

Antiguo Testamento, la existencia de otros dioses es incluso explícitamente presupuesta, porque, si no, los llamamientos a los celos de Dios, el reproche de infidelidad, incluso de *fornicación*, con otros dioses y los llamamientos a la fidelidad no tendrían ningún sentido conmovedor. Por esa razón, se podrá entonces admitir que el monoteísmo, hablando con propiedad, no fue articulado en Israel más que a partir del Deutero-Isaías y que no se impuso hasta mucho más tarde.

En el horizonte de esa reconstrucción científica de los procesos históricos, la presentación que de ella da la Biblia aparece, entonces, en toda su diferencia. En su presentación, el monoteísmo puro o maduro no se sitúa al término de un largo desarrollo, sino clara y evidentemente al comienzo, que la reconstrucción memorial de la Biblia sitúa en la revelación del Sinaí, es decir, en la donación de la Torá a Moisés. Desde un punto de vista estrictamente histórico, semejante visión de las cosas es, sin la menor duda, históricamente *falsa*, pero es, al mismo tiempo, semánticamente justa, lo que quiere decir que adopta el carácter revolucionario y antagonista de esa nueva forma de religión, que con su insistencia en la alianza exclusiva con un solo Dios se sitúa de inmediato en una oposición totalmente nueva y revolucionaria con relación a las religiones tradicionales y a sus dioses, y que no se deja, por consiguiente, explicar de manera evolutiva. La donación de la Torá no es el término de un desarrollo, sino que marca una ruptura radical con todo lo que la ha precedido. Desde el punto de vista de su memoria interna, el monoteísmo no encuentra *precursor* en la prehistoria monoteísta del *paganismo hebraico*, sino que se opone a él terminantemente.

III

TRAUMATISMO Y REPRESIÓN. EL DIAGNÓSTICO FREUDIANO DEL MONOTEÍSMO

En su obra *Der Mann Moses und die monotheistische Religion*,[1] Sigmund Freud asoció igualmente los temas del monoteísmo y de la violencia, pero en un sentido inverso. Lo que le interesaba a Freud no era la violencia asociada con la imposición del monoteísmo, sino, contrariamente, la violencia que se le opone.

En esa obra, en la que trabajó los cinco últimos años de su vida, Freud sigue de manera casi ortodoxa la presentación bíblica, si bien por norma general la leía siempre a contracorriente, equipado con su método psicoanalítico, y la interrogaba sobre lo que callaba.[2] Freud sitúa, él también, el monoteísmo en toda su pureza en el comienzo absoluto; después muestra cómo desaparece por más de seiscientos años antes de rea-

---

[1] Hay traducción castellana: Sigmund FREUD, *Moisés y la religión monoteísta y otros escritos sobre judaísmo y antisemitismo* [1939], Alianza, Madrid, 1981 (N. de la T.)

[2] Sobre los conocimientos bíblicos de Freud, cf. Théo PFRIMMER, *Freud lecteur de la Bible*, Presses Universitaires de France, París, 1982, quien no solo recoge todas las alusiones o reminiscencias bíblicas que hay en los textos de Freud, sino que también ha estudiado el programa del curso de religión en el que Freud fue instruido en Viena.

parecer finalmente con los profetas, a finales del siglo VIII. En una carta a Lou Andreas-Salomé del 6 de enero del 1935, describe su último ensayo con una precisión insuperable:

> Este trabajo partía de la pregunta acerca de qué es propiamente aquello que creó el carácter particular del judío, y llegaba a la conclusión de que el judío era una creación del individuo Moisés. ¿Quién era este Moisés y qué hizo? Esto se ha contestado con una especie de novela histórica. Moisés no era judío, sino un egipcio distinguido, un alto funcionario, sacerdote, y tal vez un príncipe de la dinastía real, partidario convencido de la fe monoteísta, que el faraón Amenotep IV convirtió hacia 1350 a. C. en religión oficial. Al hundirse después de la muerte del faraón la nueva religión y extinguirse la 18.ª dinastía, aquel ambicioso de alto vuelo perdió todas sus esperanzas, decidió abandonar la patria y crearse un nuevo pueblo, al que quería educar en la magnífica religión de su maestro. Condescendió con la tribu de los semitas, que desde el tiempo de los hicsos permanecía en el país, se puso al frente de ella, la llevó de la servidumbre a la libertad, le dio la religión espiritualizada de Atón e introdujo entre aquellos, tanto como expresión de santificación cuanto como medio de diferenciación, la circuncisión, que era costumbre local entre los egipcios y solo entre estos. Lo que los judíos habían de alabar más adelante en Yahvé, esto es, que los había elegido como su pueblo y los había liberado de Egipto, era así al pie de la letra, pero aplicado a Moisés. Con la elección y el don de la nueva religión, este creó al judío.
>
> Este judío soportó la fe exigente de la religión de Atón de tan mala gana como lo hicieran anteriormente los egipcios. Un investigador cristiano, Sellin, ha demostrado con cierta verosimilitud que, unos decenios más tarde, Moisés fue asesinado con ocasión de un levantamiento popular, siendo abolida su doctrina. Lo que parece seguro, en todo caso, es que la tribu regresada de Egipto se unió más adelante con otras tribus emparentadas que vivían en el país de Madián (entre Palestina y la costa occidental de Arabia) y habían adop-

tado el culto de un dios volcánico que moraba en el monte Sinaí. Este primitivo dios Yahvé se convirtió en el dios popular del pueblo judío. Sin embargo, la religión de Moisés no se había extinguido del todo, sino que había subsistido de ella y de su fundador una noticia vaga, y la tradición fusionó al dios de Moisés con Yahvé, le atribuyó la liberación de Egipto e identificó a Moisés con sacerdotes de Yahvé del país de Madián, que eran los que habían introducido el culto de este dios en Israel. En realidad, Moisés nunca llegó a conocer el nombre de Yahvé, y los judíos nunca atravesaron el mar Rojo ni estuvieron al pie del Sinaí. Yahvé hubo de pagar cara su usurpación a expensas del dios de Moisés. En efecto, el dios anterior estuvo siempre detrás de él y, en el curso de seis a ocho siglos, Yahvé se transformó en la imagen del dios mosaico: en calidad de tradición medio extinguida, la religión de Moisés había acabado por imponerse definitivamente. Este proceso es típico de la fundación de una religión y no fue más que la repetición de otro anterior. Las religiones deben su fuerza compulsiva al *retorno de lo reprimido*: son recuerdos renovados de procesos antiquísimos, borrados, sumamente impresionantes, de la historia de la humanidad. Esto ya lo tengo dicho en *Tótem y tabú*, pero lo condenso ahora en la fórmula de que lo que da la fuerza a la religión no es su verdad *real*, sino su verdad *histórica*.[3]

Es imposible resumir de forma más clara y sucinta toda la temática. Hay, sin embargo, dos aspectos específicamente judíos en su proyecto que Freud oculta a su correspondiente no judía. El primero es la cuestión del antisemitismo: la cuestión no es solo, en efecto, saber «por qué el judío ha llegado a ser lo que es», sino también saber «por qué ha atraído hacia sí ese odio inextinguible».[4] El segundo aspecto es la «religión mo-

[3] Sigmund FREUD / Lou ANDREAS-SALOMÉ, *Correspondencia*, Siglo XXI, México, 1968, p. 273-275; Ilse GUBRICH-SIMITIS, *El estudio de Freud sobre Moisés. Un sueño diurno. Un ensayo biográfico*, Imago Mundi, Buenos Aires, 2003.
[4] Carta a Arnold Zweig del 9 de septiembre del 1934, citada por Jan

noteísta», expresión bajo la cual Freud identifica el judaísmo. ¿La religión monoteísta no fue realmente «ejemplar» más que para la «formación de las religiones» en términos absolutos? ¿La «fuerza compulsiva» es propia de todas las religiones? ¿O es, más bien, la marca distintiva de la religión monoteísta como religión paterna? Aunque Freud evita formular una respuesta unívoca a la cuestión del origen del antisemitismo, se observa de forma bastante clara, no obstante, que lo interpreta como una reacción contra la *religión monoteísta* y su búsqueda de espiritualización y de renuncia pulsional.

Freud, que tenía algo de razón al diagnosticar el monoteísmo como una «religión del padre», puso, entonces, en relación ese odio con la ambivalencia de la relación con el padre:

> La esencia misma de la relación paternofilial incluye la ambivalencia; por tanto, en el curso de los tiempos tuvo que reanimarse por fuerza aquella hostilidad que otrora había impulsado a los hijos al asesinato del admirado y temido padre. En el marco de la propia religión de Moisés no podía tener cabida la expresión directa del odio parricida: solo podía manifestarse una poderosa reacción contra este odio, una conciencia de culpabilidad por esta hostilidad, los remordimientos de conciencia por haber pecado contra Dios y por seguir pecando.[5]

Si Freud hubiera leído los textos con más atención, entonces se habría dado cuenta del espacio que, efectivamente, se dejaba a la expresión del *odio parricida* en el marco de la *religión mosaica*, si aceptamos retomar su diagnóstico. Lo que

---

Assmann, *La distinción mosaica o el precio del monoteísmo*, Akal, Tres Cantos (Madrid), 2006, p. 104.

[5] Freud, *Moisés y la religión monoteísta y otros escritos sobre judaísmo y antisemitismo*, p. 193-194.

III TRAUMATISMO Y REPRESIÓN

es sorprendente en el relato bíblico es la amplitud que precisamente se concede a la expresión del odio, de la rebelión, de la resistencia y de la falta de confianza. No obstante, Freud tiene toda la razón al situar la temática del *pecado* en ese contexto. Las dos temáticas de la *rebelión/odio* y del *pecado* se implican mutuamente. El carácter recalcitrante, reincidente y pusilánime de las generaciones del desierto, tal como aparece particularmente en los episodios del becerro de oro (Ex 32) y de los enviados (Nm 14), son ejemplos de pecados graves. La Biblia no busca ahí en absoluto adornar esas escenas; al contrario, las expone generosamente y sin piedad. Pero eso queda relativizado como «pecado de los padres». El relato de la travesía del desierto es narrado desde el punto de vista de una generación que se distancia claramente de la generación del desierto, aun cuando no se deja de recordar que Dios persigue los pecados de los padres hasta la tercera o cuarta generación. No tengo necesidad de insistir aquí en la extraordinaria resonancia que tomó ese motivo en una época y en un país donde las nuevas generaciones hacían un trabajo incesante sobre los pecados de sus padres.

El carácter *recalcitrante* y la falta de fe de las generaciones del desierto, al igual que su disposición permanente a la violencia —en dos ocasiones, Moisés no está lejos del linchamiento por parte de su pueblo airado—,[6] es un tema que el relato presenta de manera ejemplar y que atraviesa luego toda

---

[6] «Entonces Moisés clamó a Yahvé y dijo: "¿Qué puedo hacer con este pueblo? Por poco me apedrean"» (Ex 17,4). «Cuando toda la comunidad estaba hablando de apedrearlos, la gloria de Yahvé se apareció a todos los israelitas en la Tienda del Encuentro» (Nm 14,10). Todas las citas bíblicas se dan de acuerdo con la versión de la Biblia de Jerusalén (Desclée de Brouwer). (N. de la T.)

la Biblia, tanto Antiguo como Nuevo Testamento, como una especie de *basso ostinato*. En la narración histórica del Deuteronomio, que juzga a todos los reyes de Israel y de Judea desde el punto de vista de su observación de la Ley, solo tres reyes parecen librarse de la condena: David, Ezequías y Josías. Todos los demás imitan a la generación del desierto, crean becerros de oro, carecen de fidelidad hacia Yahvé y *fornican* con otros dioses, no se fían de Dios y persiguen con violencia a sus profetas hasta Jesús de Nazaret.[7] Está claro, pues, que ese tema no perdió nada de su actualidad a lo largo de toda la historia bíblica.

Según Freud, el monoteísmo nació en Egipto a consecuencia de la política mundial de los reyes tutmósidas y habría sido luego impuesto por el faraón Akhenatón. Moisés, un fiel de Akhenatón, aportó a los hebreos la nueva religión seguida en Egipto tras la muerte de su fundador, y emigró con ella. La religión de Akhenatón era exigente: rechazaba la pluralidad tradicional de los dioses en beneficio de un solo y único Dios-sol, y también rechazaba los cultos ceremoniales, el culto de los muertos, el más allá, la magia y la adivinación en provecho de la ética. Pero, en un punto decisivo, Moisés fue mucho más allá que Akhenatón, con la prohibición de las imágenes y su insistencia en la invisibilidad de Dios. Los judíos, que no soportaban una religión tan abstracta y alejada de la sensibilidad, hirieron entonces mortalmente a Moisés. Ese asesinato tuvo un efecto traumatizante: hizo aflorar los recuerdos reprimidos del asesinato del padre en la horda primitiva. El trauma condujo a la represión, y esta a una laten-

---

[7] Odil Hannes STECK, *Israel und das gewaltsame Geschick der Propheten*, Neukirchener, Neukirchen-Vluyn, 1967.

III TRAUMATISMO Y REPRESIÓN

cia. Eso es lo que explica, en opinión de Freud, la ausencia de la idea monoteísta durante seiscientos años, entre Moisés (a quien Freud sitúa hacia 1300) y los profetas, que empiezan a aparecer a finales del siglo VIII y que se apoderan de nuevo de la idea. Habrá que esperar doscientos años suplementarios para que la idea se imponga más generalmente al pueblo, pero con tal fuerza, que no se deja finalmente explicar más que en el sentido de un retorno de lo reprimido.

Por muy brillantes y contundentes que puedan parecer esa reconstrucción y ese análisis por parte de Freud, no es menos cierto que son históricamente del todo imposibles. El argumento más fuerte y más decisivo de Freud, a saber, la «fase de latencia» del monoteísmo entre los años 1300 y 700, no es un fenómeno de la historia sino de la memoria. Las ideas que son comúnmente asociadas con el nombre de Moisés en la tradición no aparecieron más que en el transcurso del exilio, e incluso más tarde.[8] Jamás hubo latencia. En segundo lugar, no existe, tampoco, ninguna relación causal históricamente verificable entre Akhenatón y Moisés. Y en lo que concierne a la religión de Atón, Freud no hizo más que atribuirle los rasgos de la religión mosaica. Es particularmente el caso de la supuesta insistencia en la ética, de la que no se encuentra, significativamente, ninguna huella en los textos de la época amarniana.[9] Por último, la idea de que Moisés, siempre que haya realmente existido, habría sido asesinado por los judíos es más que improbable, en la medida en que el relato bíblico, que imputa en varias ocasiones a los israelitas la intención de

---

[8] Eckart OTTO, *Moses. Geschichte und Legende*, C. H. Beck, Múnich, 2006, p. 40.

[9] *Cf.* al respecto mi obra *Egipto. Historia de un sentido*, Abada, Madrid, 2005, p. 269 y s.

lapidar a Moisés, no habría tenido ninguna razón para silenciar la perpetración de semejante acto.[10] Pero en ese asesinato se apoya a su vez el diagnóstico freudiano de la latencia: no hay latencia sin represión y no hay represión sin trauma; la explicación a ese trauma la da precisamente el asesinato de Moisés, con el que los israelitas habrían repetido el asesinato del padre primitivo. En la prehistoria de la humanidad, los hombres vivían en hordas, en las que el macho más fuerte podía apropiarse de todas las hembras y amenazaba a los hijos con la castración, hasta que finalmente uno de ellos asesinó al padre y ocupó su lugar. Ese sistema se inscribió en el alma humana como una memoria filogenética y fue el origen de su constitución edípica. También la muerte de Moisés provocó en los judíos un fortalecimiento edípico:

> Valdría la pena tratar de comprender por qué la idea monoteísta ejerció semejante imperio precisamente sobre el pueblo judío y por qué este se le aferró con tal tenacidad. Creo que dicha pregunta tiene respuesta. El destino enfrentó al pueblo judío con la gran hazaña, la criminal hazaña de los tiempos primitivos —el parricidio—, pues le impuso su repetición en la persona de Moisés, una eminente figura paterna. En otros términos, el pueblo judío ofrece un caso de *actuación* —en lugar de la recordación—, como sucede tan frecuentemente durante el análisis de los neuróticos.[11]

Cuando se examina más de cerca, toda esa argumentación se desmorona como un castillo de naipes. Pero el motivo

---

[10] Es el argumento ofrecido por Yosef Hayim Yerushalmi contra la tesis freudiana del asesinato de Moisés. *Cf.* Y. H. YERUSHALMI, *El Moisés de Freud. Judaísmo terminable e interminable*, Nueva Visión, Buenos Aires, 1996 (1.ª ed. americana: 1991).

[11] FREUD, *Moisés y la religión monoteísta*, p. 126.

III TRAUMATISMO Y REPRESIÓN

de la violencia, que Freud sitúa en el centro de su reconstrucción del monoteísmo con los conceptos de *asesinato* y de *trauma*, es interesante. Se trata menos ahí de una violencia física que espiritual, que yo prefiero, por consiguiente, calificar de *coerción* a fin de evitar disolver demasiado el concepto de violencia.[12] El monoteísmo reprimido resurge bajo la forma de un retorno de lo reprimido, es decir, con una coerción fulminante, capaz de inutilizar totalmente la razón:

> Una tradición que únicamente se basara en la comunicación oral, nunca podría dar lugar al carácter obsesivo propio de los fenómenos religiosos. Sería escuchada, juzgada y eventualmente rechazada, como cualquiera otra noticia del exterior, pero jamás alcanzará el privilegio de liberarse de las restricciones que comporta el pensamiento lógico. Es preciso que haya sufrido antes el destino de la represión, el estado de conservación en lo inconsciente, para que al retornar pueda producir tan potentes efectos, para que logre doblegar a las masas bajo su dominio, como lo comprobamos en la tradición religiosa.[13]

Freud es incapaz de explicarse ese *estado de inconsciencia* si no es con la ayuda de su teoría de los recuerdos filogenéticos:

> Cuando estudiamos las reacciones frente a los traumas precoces, muchas veces quedamos sorprendidos al comprobar que aquellas no se ajustan a la propia vivencia del sujeto, sino que se apartan de esta en una forma que concuerda mucho más con el modelo

---

[12] Esa es la razón por la que no retomo tampoco el concepto de *violencia estructural* introducido por Johan Galtung (*cf.* GALTUNG, *Strukturelle Gewalt. Beiträge zur Friedens- und Konfliktforschung*, Rowohlt, Reinbek, 1975), que comprende igualmente las acciones no violentas de Gandhi como una forma de violencia. Prefiero, por consiguiente, hablar aquí de *coerción* ('*Zwang*') más que de *violencia* ('*Gewalt*').

[13] FREUD, *Moisés y la religión monoteísta*, p. 145-146.

de un suceso filogenético, y que, en general, solo es posible explicar por la influencia de este. La conducta del niño neurótico frente a sus padres, en los complejos de Edipo y de castración, está colmada de tales reacciones, que parecen individualmente injustificadas y que solo filogenéticamente se tornan comprensibles, es decir, por medio de su vinculación con vivencias de generaciones anteriores.[14]

En el monoteísmo, el recuerdo del padre primitivo de la horda, asesinado y después divinizado en forma de tótem, acaba por reaparecer, y con él, el retorno de la violencia paterna en la forma sublimada de la *religión del padre*, que exige una obediencia y un amor incondicionales. Su signo es la circuncisión, que es un símbolo apenas velado de la castración original.[15] La violencia que se libera con ocasión de ese retorno de lo reprimido es entonces dirigida hacia el interior, es decir, hacia el derrocamiento del pensamiento lógico, cuya *fuerza de coerción* es anulada por la nueva religión a través de una mayor coerción. Pero Freud no se detiene en ese diagnóstico del monoteísmo bajo la forma de una neurosis colectiva de coerción. No se contenta con interpretar el monoteísmo como una coerción irracional, sino que, más sorprendentemente aún, también lo interpreta a la inversa, como un «progreso en la vida del espíritu (*Geistigkeit*)». No obstante, ese aspecto le parece igualmente una fuente de violencia. Es la prohibición de las imágenes la que, en su opinión, es decisiva para esa interpretación, a saber, el mandamiento a través del

---

[14] *Ibid.*, p. 142.
[15] Sobre la significación de la circuncisión para la semántica monoteísta de la violencia y del pecado, *cf.* F. MACIEJEWSKI, *Psychoanalytisches Archiv und jüdisches Gedächtnis. Freud, Beschneidung und Monotheismus*, Passagen, Viena, 2002.

III TRAUMATISMO Y REPRESIÓN

cual el Decálogo asocia el concepto del dios celoso con su distinción entre amigo y enemigo:

> Entre los preceptos de la religión mosaica se cuenta uno cuya importancia es mayor de lo que a primera vista se sospecharía. Me refiero a la prohibición de representar a Dios por una imagen; es decir, a la obligación de venerar a un Dios que no es posible ver. Sospechamos que en este punto Moisés superó la severidad de la religión de Atón; con ello quizá solo quisiera ser consecuente, haciendo que su Dios no tuviera nombre ni imagen, pero también podía tratarse de una nueva precaución contra las intromisiones de la magia. En todo caso, esta prohibición tuvo que ejercer, al ser aceptada, un profundo efecto, pues significaba subordinar la percepción sensorial a una idea decididamente abstracta, un triunfo de la espiritualidad sobre la sensualidad y, estrictamente considerada, una renuncia a los instintos, con todas sus consecuencias psicológicamente ineludibles.[16]

Es el rechazo de las imágenes, y únicamente este, el que abre el acceso al reino del espíritu: «Abriósele al hombre el nuevo reino de la espiritualidad.»[17] Freud comprendía el segundo mandamiento como la proclamación del carácter absolutamente invisible e irrepresentable de Dios. Al igual que la divisa «Allí donde estaba el Ello debe advenir el Yo» (*Wo Es war soll Ich werden*) determina el desarrollo de la personalidad del individuo, de igual modo el mandamiento «Allí donde estaba la percepción sensible debe advenir la representación abstracta» determina el desarrollo de la humanidad, y, con su prohibición de las imágenes, el monoteísmo representa una etapa decisiva en ese camino. Las «consecuencias psico-

---

[16] FREUD, *Moisés y la religión monoteísta*, p. 162.
[17] *Ibid.*, p. 163.

lógicamente ineludibles» de la renuncia a las pulsiones son, según Freud, la hostilidad hacia la cultura (*cf.* sus escritos *Das Unbehagen in der Kultur* y *Die Zukunft einer Illusion*)[18] y la agresión. Es de esas fuentes de las que se alimentaba el asesinato de Moisés postulado por Freud, o bien —lo que habría, de hecho, bastado para su argumentación— el tan frecuentemente expresado deseo del asesinato.

Freud sigue, por consiguiente, la presentación literaria e histórico-memorial de la Biblia, sin parecer consciente del carácter casi ortodoxo de su propia lectura. Ni siquiera se da cuenta de que la Biblia misma presenta la aparición de la idea monoteísta y la explosión de violencia iconoclasta bajo la figura del rey Josías en el capítulo 22 del segundo libro de los Reyes como la reaparición del escrito monoteísta decisivo de Moisés tras siglos de olvido y, por lo tanto, como una especie de retorno de lo reprimido. Freud se contenta con completar la presentación bíblica en su dimensión psicohistórica. La explosión de violencia que la Biblia presenta como una violencia física en relación con la reforma del culto por Josías —la destrucción de los templos de los lugares destacados de Samaria, de los santuarios dedicados a Baal, las imágenes y los símbolos, la deportación y la masacre de los sacerdotes—, todo eso es presentado por Freud como una violencia dirigida hacia el interior, hacia el alma de los judíos, que se les impone como una coerción irresistible.

---

[18] Hay traducción castellana de ambas obras: Sigmund FREUD, *El malestar en la cultura*, Alianza, Madrid, 2008; IDEM, *El porvenir de una ilusión*, Taurus, Madrid, 2012. (N. de la T.)

IV

ALLÍ DONDE HABÍA DIOSES DEBE ADVENIR DIOS
GÉNESIS DE LA VIOLENCIA ICONOCLASTA

La perspectiva que me propongo desarrollar aquí compete a la historia semántica y memorial. Es evidentemente difícil de seguir desde el punto de vista de la exégesis veterotestamentaria y de la judaística. Esa es la razón por la que Peter Schäfer me ha reprochado el someter a mis lectores a un juego de escondite deshonesto, en la medida en que estos últimos nunca saben si argumento al nivel de la historia o bien al nivel de la historia de la memoria.[1] Por esa razón me gustaría, una vez más, intentar clarificar mi propia perspectiva. Para mí, la cuestión no es saber lo que ocurrió exactamente, sino más bien saber cómo eso se recuerda y cómo se introduce en la imagen histórica —es decir, en la semántica histórica— de una sociedad. Eso no nos autoriza, desde

---

[1] Peter Schäfer, «Das jüdische Monopol. Jan Assmann und der Monotheismus», *Süddeutsche Zeitung* (11 de agosto del 2004): «El lector crítico debe de sentirse como el conejo de la fábula del conejo y el erizo. Cada vez que se esgrime un argumento contra la reconstrucción *histórica* de Assmann, él responde: "Ya estoy aquí" —sé todo eso, pero no hablo de historia, sino de historia de la memoria.» Reconozco que esa distinción es nueva e inusitada, pero eso no constituye un argumento contra su pertinencia y no la deslegitima como proceder científico.

luego, a saltarnos totalmente el tema de las enseñanzas que nos proporcionan otras fuentes —en particular, las fuentes arqueológicas— sobre acontecimientos dudosos. Esa es la razón por la que distingo entre las *huellas*, los *mensajes* y los *recuerdos*.[2] Las huellas son los testimonios arqueológicos; los mensajes son las imágenes y los textos contemporáneos, que pretenden comunicar algo a sus contemporáneos y a su descendencia; los recuerdos, por último, son las miradas hacia atrás reconstructivas desde las épocas posteriores. En lo que concierne a nuestra temática, tratamos con *huellas*, a las que particularmente se han consagrado de manera innovadora Othmar Keel y su escuela,[3] y después sobre todo y casi exclusivamente con *recuerdos*, en los que probablemente también han sido integrados algunos *mensajes*, es decir, fuentes textuales contemporáneas. No ocurre lo mismo en el caso del Egipto antiguo, que nos inunda, literalmente, de mensajes, pero para el que disponemos de muchas menos huellas: lo esencial ha sido enterrado bajo metros de sedimentación del Nilo, o bien ha sido víctima de los *sebbakhin*, que utilizaron las montañas de ruinas egipcias para fertilizar sus campos. Solo de manera muy rudimentaria encontramos recuerdos, es decir, tratamientos reconstructivos del pasado. Es, sin embargo, ese análisis de los recuerdos el objeto propio de la historia de la memoria.[4]

---

[2] Sobre esa distinción, *cf.* mi obra *Egipto. Historia de un sentido*, Abada, Madrid, 2005.

[3] *Cf.*, en particular, Othmar KEEL / Christoph UEHLINGER, *Göttinnen, Götter und Gottessymbole. Neue Erkenntnisse zur Religionsgeschichte Kanaans und Israels aufgrund bislang unerschlossener ikonographischer Quellen*, Herder, Friburgo / Basilea / Viena, 1992.

[4] He presentado ese método en el primer capítulo de mi obra *Moisés el*

IV ALLÍ DONDE HABÍA DIOSES DEBE ADVENIR DIOS

Lamento —y no puedo expresarlo de otra manera— tener que hacer todavía otra observación preliminar. Mi insistencia en el carácter antagonista, revolucionario y totalmente nuevo de la religión que se impuso en Israel después del exilio y que rememora su historia ha sido casi sistemáticamente percibida por la teología como una crítica al cristianismo o al judaísmo y como una apología del *paganismo*.[5] Cuando afirmo que cierta forma de intolerancia es una parte inevitable de ese antagonismo por el que la nueva religión se distingue de las otras, se comprende sistemáticamente como un ataque contra el cristianismo y a veces incluso contra el judaísmo. En su formación actual, el cristianismo y el judaísmo, así como el islam, se han alejado sobradamente, sin embargo, de la intolerancia y de la violencia que fueron necesariamente inscritas en los textos fundadores de esas nuevas religiones a causa de su carácter revolucionario —y lo han hecho con razón, en la medida en que ya no vivimos en un mundo dominado por *dioses* frente a los que debería sobre-

---

egipcio, Oberon, Madrid, 2003, p. 13-36. Para una definición más completa de la historia de la memoria (*Gedächtnisgeschichte*), *cf.* en particular p. 21-22: «A diferencia de la historia propiamente dicha, la mnemohistoria no se ocupa del pasado en sí, sino solo del pasado tal como es recordado. Estudia las líneas históricas de la tradición, las marañas de intertextualidad, las continuidades y discontinuidades diacrónicas de la lectura del pasado. [...] Sin embargo, tiene un enfoque propio en el que deja de lado de manera deliberada los aspectos sincrónicos de la materia estudiada, y se concentra exclusivamente en aquellos aspectos de significación y relevancia que son producto de la memoria.»

[5] He intentado responder a esos reproches en mi obra *La distinción mosaica o el precio del monoteísmo*, Akal, Tres Cantos (Madrid), 2006. En la versión alemana (*Die Mosaische Unterscheidung oder der Preis des Monotheismus*, Hanser, Múnich, 2003), el lector encontrará reproducidas algunas de las críticas más importantes.

salir un solo y único Dios. Pero, por otro lado, es obligado reconocer que esos textos, y más particularmente su semántica antagonista de la delimitación, de la intolerancia y de la violencia, han ganado una actualidad tan considerable como preocupante: no en las religiones mismas, sino entre los movimientos fundamentalistas que se han desarrollado en su entorno, como sucede particularmente hoy en el caso del islam.

Mi verdadera preocupación es, no obstante, devolver a la religión bíblica todo su significado de momento crucial en la historia de la humanidad, en lugar de aplastarla bajo las líneas de desarrollo de la historia de las religiones. Y eso seguramente se puede ver de forma más clara desde el horizonte de Egipto que desde la perspectiva interna de la teología. Desearía aún subrayar el hecho de que mis observaciones no tienen ninguna ambición crítica ni apologética, sino hermenéutica. Quiero comprender de qué tratan realmente los textos, y de eso voy a ocuparme a continuación. ¿Por qué esos textos ponen en escena un proceso evolutivo, que se impuso, ciertamente, de manera muy penosa en la realidad histórica, como una ruptura y como un nuevo comienzo radical?

Querría limitarme aquí a algunos ejemplos escogidos, en los que la puesta a distancia antagonista de la alteridad se deja observar de manera particularmente clara. Y comenzaré por el salmo 82:[6]

---

[6] *Cf.* al respecto Konrad SCHMID, «Gibt es "Reste hebräischen Heidentums" im Alten Testament?», en Andreas WAGNER (ed.), *Primäre und sekundäre Religionen als Kategorie der Religionsgeschichte des Alten Testaments* (Beihefte zur zeitschrift für die alttestamentliche wissenschaft, 364), Walter de Gruyter, Berlín / Nueva York, 2006, p. 105-120, en particular p. 116 y s.

IV ALLÍ DONDE HABÍA DIOSES DEBE ADVENIR DIOS

Salmo. De Asaf.
Dios se alza en la asamblea divina,
para juzgar en medio de los dioses:
«¿Hasta cuándo juzgaréis injustamente
y haréis acepción de los malvados?
Defended al débil y al huérfano,
haced justicia al humilde y al pobre;
liberad al débil y al indigente,
arrancadle de la mano del malvado.»
No saben ni entienden, caminan a oscuras,
vacilan los cimientos de la tierra.
Yo había dicho: «Vosotros sois dioses,
todos vosotros, hijos del Altísimo.»
Pero ahora moriréis como el hombre,
caeréis como un príncipe cualquiera.
¡Álzate, oh, Dios, juzga a la tierra,
pues tú eres el señor de las naciones!

A primera vista, quizá se podría atribuir ese salmo a una fase precoz, todavía casi politeísta, durante la cual aún se tenía en cuenta a los otros dioses y en la que Yahvé no se ve conceder más que una preeminencia. Pero, bien mirado, vemos que lo cierto es más bien lo contrario: en él se echa claramente una mirada a las otras religiones, que son fustigadas sin piedad por su paganismo. Dios se presenta entre los dioses como Israel entre los pueblos: como un bastión de justicia en un mundo de injusticia y de crimen. Ese texto pone ante nuestros ojos lo que sucede con respecto a las otras religiones y lo que significa el paganismo: la ausencia de justicia, la dominación por medio de la violencia, la sumisión, la denegación del derecho y la explotación de los pobres. Todo eso resulta de la falta de orientación de los paganos, que son condenados a vagar por las tinieblas sin la luz de la

Torá revelada. El paganismo es la sinrazón, mientras que la religión de Yahvé corresponde a las Luces. Ese motivo juega igualmente un papel central en los ejemplos siguientes. En conclusión, se anuncia a los otros dioses —es decir, a los dioses de los otros, en ese caso, a las otras religiones— su fin. Y el salmo termina con un llamamiento a Dios a cumplir el juicio anunciado y a poner así término al paganismo. Ese salmo desarrolla una perspectiva claramente universalista e histórico-mundial, en cuanto que no interviene en la Biblia más que a partir del Deutero-Isaías. No se trata de un texto precoz, sino de un texto tardío, y su tendencia es teoclasta. Los otros dioses son destruidos, así como sus imágenes son desmanteladas por la prohibición de las imágenes. No puede haber coexistencia pacífica entre Yahvé y los otros dioses, entre la justicia y la injusticia. La victoria de Yahvé significa el fin del paganismo. Ese texto cumple lo que he llamado la *distinción mosaica*, a saber, la distinción entre religión verdadera y religión falsa. El paganismo se revela entonces como una religión falsa, porque se complace en la injusticia y el crimen a causa de su ignorancia de la verdad.

Podría completarse ese texto con toda una serie de otros pasajes que echan la misma mirada exclusiva y *destructora* a las otras religiones. Su arma no es, sin embargo, la invectiva directa, sino la sátira. La sátira religiosa bíblica se apoya en el género de la sátira profesional, una práctica corriente en el Oriente antiguo. Su proceder consiste en presentar las actividades de ciertos oficios o profesiones como búsquedas sin fin, absurdas e inútiles, cuyo único efecto es agotar, desnaturalizar y envilecer a aquel que las practica, de manera que acaba por ser excluido de la comunidad y de la escala de valor que rige las acciones en su seno. En esas sátiras, la actividad o el modo de acción que se describe es desviado de forma cómica, ocultando conscientemente algunos de los presupuestos que hacen justamente a esas actividades sensatas. También, de igual modo que la sátira profesional oculta el marco semántico de la división social del trabajo, la sátira religiosa oculta las representaciones semánticas de la religión gráfica. Se oculta, por ejemplo, el hecho de que un trozo de madera jamás es *eo ipso* un objeto de veneración como imagen de Dios, sino que debe previamente haber sido sometido a una ceremonia de sacralización compleja que lo pone en relación con el mundo de los dioses y que lo prepara para acoger momentáneamente un alma divina. Así, la reducción de una imagen del culto —que no *funciona* como tal más que en el marco de una semiótica muy compleja— a su materialidad más bruta es un proceder de desviación que sitúa todas las acciones que se relacionan con esa imagen en el ámbito de lo absurdo. Me contento con citar aquí solamente algunos versículos del ejemplo más célebre, a saber, el capítulo 44 del libro de Isaías:

> El forjador trabaja en las brasas, configura a golpe de martillo, ejecuta su obra a fuerza de brazo; pasa hambre y se extenúa; no bebe agua y queda agotado.
> El escultor tallista toma la medida, hace un diseño con el lápiz, trabaja con la gubia, diseña a compás de puntos y le da figura varonil y belleza humana para que habite en un templo. Corta madera de cedro, escoge un roble o una encina y los deja crecer entre el resto de los árboles del bosque; o planta un pino que la lluvia hace crecer. Y después sirven para que la gente haga fuego. Echan mano de ellos para calentarse; o encienden lumbre para cocer pan; o hacen un dios, al que se adora, un ídolo para inclinarse ante él. Quema uno la mitad, asa carne sobre las brasas y

come del asado hasta hartarse. También se calienta y dice: «¡Ah! ¡Cómo me caliento mientras contemplo el resplandor!» Y con el resto hace un dios, su ídolo, ante el que se inclina, lo adora y le suplica, diciendo: «¡Sálvame, pues tú eres mi dios!»

No saben ni entienden; sus ojos están pegados y no ven; su corazón no comprende. No reflexionan, no tienen conocimiento ni entendimiento para decirse: «He quemado una mitad, he cocido pan sobre las brasas; he asado carne y la he comido; y ¡voy a hacer con lo restante algo abominable!, ¡voy a inclinarme ante un trozo de madera!»

Is 44,12-19

Ya no es cuestión ahí de injusticia y de crimen. La sátira no acusa, se contenta con tirar hacia lo cómico, hace desvíos, y presenta la otra religión como una especie de búsqueda absurda. Pero mientras que en el salmo es la injusticia, aquí es la absurdidad la que proviene de las tinieblas, que son el signo distintivo de un paganismo que es excluido de la luz de la revelación.

El profeta Jeremías se sirve de la sátira religiosa en el capítulo 10 de su libro:

> Las costumbres de esos pueblos
> son vanidad:
> talan un madero del bosque,
> obra de manos de un experto
> que con el hacha lo trabajó;
> lo embellece con plata y oro,
> con clavos y a martillazos lo sujeta
> para que no se menee.
> Son como espantajos
> mudos de pepinar;
> tienen que ser transportados,
> pues no saben andar.

IV   ALLÍ DONDE HABÍA DIOSES DEBE ADVENIR DIOS

> No les tengáis miedo,
> que no hacen ni bien ni mal.
> [...]
> Todos son igual de estúpidos y necios:
> adoctrinados por ídolos de madera,
> de plata laminada traída de Tarsis,
> o de oro importado de Ofir;
> obra de orfebres y fundidores
> cubierta de púrpura violeta y escarlata;
> todos son obra de artistas.
> Pero Yahvé es el Dios verdadero:
> el Dios vivo y el Rey eterno.
> Cuando se irrita, tiembla la tierra,
> no resisten las naciones su cólera.
> (Así les diréis: «Los dioses que no hicieron el cielo
> ni la tierra serán exterminados de la tierra y de
> debajo del cielo.»)
>
> Jr 10,3-5; 8-11

Por un lado, encontramos ahí la misma técnica de desviación que la que había sido empleada en el Deutero-Isaías: distinguir primero entre el espíritu y la materia, para luego devolver a los dioses de los otros, así como todos los cultos que les son rendidos, al único ámbito de la materia. Pero, por el otro, se ve ahí una vez más de manera conclusiva la tendencia teoclástica del salmo 82 en toda su brutalidad: el iconoclasmo es un teoclasmo. Los dioses deben desaparecer junto con las imágenes. De nuevo, el motivo de la estupidez sirve como paréntesis común: el paganismo no es más que ceguera, mientras que el monoteísmo corresponde a las Luces.

Esa caricatura polémica de las otras religiones encuentra su expresión más nítida en el libro apócrifo de la *Sabiduría de Salomón*, que data de la época helenística. Ahí se ve de forma clara que la *idolatría* se ha convertido aún más netamente en la firma característica del paganismo, del que conviene separarse. La primera parte de esa invectiva satírica todavía se sitúa, indefectiblemente, en la tradición del Deutero-Isaías:

> Un carpintero tala un árbol apropiado,
> monda con destreza toda su corteza,
> lo trabaja con finura
> y fabrica un objeto útil para usos comunes.
> Con los desechos de su obra
> se prepara una comida con la que se sacia.
> Y el desecho de todo, que no sirve para nada,
> un palo torcido y lleno de nudos,
> lo toma y lo talla en sus ratos de ocio,
> lo modela con la destreza adquirida
> y saca la imagen de una figura humana
> o la copia de cualquier vil animal.
> Lo embadurna de minio, pinta su cuerpo de rojo
> y recubre todos sus defectos.
> Luego le prepara un nicho digno
> y lo coloca en la pared asegurándolo con hierros.
> Para que no se le caiga, toma sus precauciones,
> sabiendo que no puede valerse por sí mismo,
> pues es una imagen y necesita ayuda.
> Cuando le reza por la hacienda, las bodas y los hijos,
> no se avergüenza de hablar con algo inanimado.
> Y pide salud a un enfermo,
> vida a un muerto,
> ayuda al más inepto,
> un viaje feliz al que no puede andar;
> y para las ganancias, empresas y éxitos de sus tareas
> pide vigor al más torpe de manos.
>
> Sab 13,11-19

El texto adopta a continuación un tono totalmente distinto, con el que la polémica antagonista se expresa de manera mucho menos velada:

> Pero malditos el ídolo manufacturado y el que lo hizo;
> el uno por hacerlo, y el otro porque, siendo corruptible, es considerado dios.
> Dios aborrece igualmente al impío y su impiedad,
> y la obra será castigada junto con su autor.
> Por eso los ídolos de las naciones también serán juzgados,
> porque se convirtieron en abominación entre las criaturas de Dios,
> ocasión de tropiezo para las almas de los hombres
> y una trampa para los pies de los insensatos.
> La invención de los ídolos fue el comienzo de la infidelidad,
> y su descubrimiento, la corrupción de la vida.
>
> Sab 14,8-12

Es aquí donde intervienen finalmente los argumentos propiamente *teoclastas* del salmo 82. La ceguera estúpida del paganismo no se expresa solamente en la actividad absurda que los paganos persiguen con sus ídolos, sino también en toda la magnitud de su injusticia y de sus crímenes, a los que ahora se añade, además, la fornicación:

> Así, celebrando iniciaciones infanticidas, misterios secretos
> o delirantes orgías de ritos extravagantes,
> ya no mantienen puros ni vidas ni matrimonios,
> sino que se matan a traición unos a otros o se humillan con adulterios.
> Todo es un caos de sangre y muerte, robo y fraude,
> corrupción, deslealtad, desorden, perjurio,
> confusión de los buenos, olvido de la gratitud,
> contaminación de las almas, inversión de sexos,

desorden matrimonial, adulterio y libertinaje.
Porque el culto a los ídolos sin nombre
es principio, causa y fin de todos los males.

Sab 14,23-27

¿Por qué ese texto se acentúa en el sentido de una polémica tan violenta y de una difamación tan grotesca de las otras religiones, rechazadas en su paganismo? Los padres cristianos de la Iglesia iban a unirse de manera casi aún más intensa a ese canto. El paganismo deja en lo sucesivo de ser otra forma de religión: se ha convertido en la irreligión, en la ausencia de Dios, en obra del diablo, en enfermedad, en una pasión y, naturalmente, en un pecado. Es una especie de guerra de exterminación semántica la que se libra aquí, y es el cristianismo el que la ha ganado.

V

LEY Y VIOLENCIA

Eso es lo que puede decirse de la relación externa de las religiones bíblicas y de la construcción del paganismo. Ahora bien, su relación interna con los *paganos* en sus propias filas o en su propio seno se presenta de manera sensiblemente más sanguinaria y violenta.

El texto decisivo es la prohibición de las imágenes, que aparece en la Biblia en dos versiones: una primera vez como comentario al primer mandamiento —la prohibición de los dioses extranjeros— y una segunda vez en calidad de mandamiento propio:

ÉXODO 20	DEUTERONOMIO 5
1.er mandamiento:	**1.er mandamiento:**
³ No tendrás otros dioses fuera de mí.	⁷ No tendrás otros dioses fuera de mí.
2.º mandamiento:	**Comentario:**
⁴ No te harás escultura ni imagen alguna de lo que hay arriba en los cielos, abajo en la tierra o en las aguas debajo de la tierra.	⁸ No te harás escultura ni imagen alguna, ni de lo que hay arriba en los cielos, ni de lo que hay abajo en la tierra, ni de lo que hay en las aguas debajo de la tierra.
Comentario:	
⁵ No te postrarás ante ellas ni les darás culto, porque yo, Yahvé, tu Dios, soy un Dios celoso, que castigo la iniquidad de los padres en los hijos hasta la tercera y cuarta generación de los que me odian,	⁹ No te postrarás ante ellas ni les darás culto. Porque yo, Yahvé, tu Dios, soy un Dios celoso, que castigo la iniquidad de los padres en los hijos hasta la tercera y cuarta generación cuando me odian,

⁶ pero tengo misericordia de mil generaciones con los que me aman y guardan mis mandamientos.	¹⁰ pero tengo misericordia por mil generaciones cuando me aman y guardan mis mandamientos.

Como puede observarse, el texto es perfectamente idéntico en las dos versiones, pero su articulación es diferente. En cuanto que componente del primer mandamiento (Deuteronomio), la prohibición de las imágenes subraya la exclusividad de la adoración a Yahvé. No rezar a otros dioses significa, entonces, no hacerse imágenes, a saber, imágenes de otros dioses. En cambio, como mandamiento propio (Éxodo), esa prohibición expresa una idea nueva y propia: en primer lugar, solo hay que adorar a Yahvé y no a otros dioses; y, en segundo lugar, no hay que forjarse imágenes. Eso incluye igualmente las imágenes de Yahvé. Así pues, la prohibición de las imágenes abarca ahí la adoración de otros dioses, pero también, al mismo tiempo, la prohibición de representar al Dios verdadero en imagen. A nuestro juicio, se trata de dos cosas totalmente diferentes. En el primer caso se trata de fidelidad y de apostasía; en el segundo, de la forma correcta o incorrecta de la adoración a Dios. La primera situación es una cuestión política, la segunda es una cuestión de mediación. En la prohibición de las imágenes, los dos aspectos están vinculados desde el principio.

Pero dejemos de lado por el momento esa diferencia importante y examinemos más precisamente los términos de esa prohibición de las imágenes: «No te harás ningún *pessel* ni ninguna *temounah*.» ¿Qué es un *pessel*? El término *pessel* resalta el proceso de la producción. Deriva de un verbo que significa 'esculpir, tallar'. Así pues, un *pessel* es un 'artefacto', no una imagen. No deviene imagen que representa algo, en el sentido de una mímesis, más que a partir del complemento: «ninguna *temounah*», lo que quiere decir «ninguna escultura con forma de una figura de algo que está arriba en los cielos o abajo en la tierra o en las aguas debajo de la tierra», es decir, ningún *pessel* figurativo, un *pessel* que representaría algo. El término *pessel* subraya el aspecto del artefacto producido por el hombre, y el complemento *temounah,* la relación gráfica con algo intramundano, vivo. No hay que forjarse fetiche figurativo.

Esa prohibición se explica por medio de dos complementos que sirven como comentario. En primer lugar: «No te postrarás ante esos dioses ni los servirás.» Eso establece claramente que un *pessel* figurativo es un dios ante el que uno se prosterna y al que uno sirve. No se produce *pessel* figurativo con otros fines. Un *pessel* figurativo no es una obra de arte, no es un objeto estético destinado al placer desprovisto de cualquier interés, sino que funciona únicamente como el objeto de un deseo de plegaria. Igualmente, el que se fabrica un *pessel* figurativo se fabrica en realidad otro dios. Más aún: se pone a servir a un dios extranjero. El término *servir* (ᶜ*abad*) debe tomarse aquí en un sentido completamente literal. El ᶜ*äbäd* es el esclavo. En el vocabulario posbíblico, la idolatría es calificada de *avodah zarah,* 'servicio extranjero', esclavitud en el extranjero. Pero el complemento permite, sin embargo, la interpretación de que las imágenes son inofensivas y están autorizadas mientras uno no se prosterne ante ellas y no las reverencie servilmente. Puede interpretarse tanto de una forma como de la otra: el islam lo explicó de manera más bien estricta, mientras que el judaísmo autorizó las imágenes figurativas en el marco estricto de decoraciones inofensivas.

El segundo comentario habla de los celos de Dios: «Porque yo, Yahvé, tu Dios, soy un Dios celoso, que castigo la iniquidad de los padres en los hijos hasta la tercera y cuarta generación de los que me odian, pero tengo misericordia de mil generaciones con los que me aman y guardan mis mandamientos.» La imagen es, por consiguiente, la piedra de toque para la distinción de Dios entre el amigo y el enemigo. Los idólatras son los enemigos de Dios, y es su crimen el que él castiga hasta la tercera y cuarta generación. En cambio, el que observa la prohibición de las imágenes, el que no adora a ningún otro dios y permanece, pues, fiel a Dios, ese es su amigo y será recompensado por su fidelidad hasta la milésima generación. La cuestión de las imágenes, más que cualquier otro mandamiento, permite, por tanto, determinar quién es fiel a Dios y quién no lo es. Esa es la razón por la que la prohibición de las imágenes es la quintaesencia o la firma distintiva de la nueva religión. Esa religión traza una frontera entre ella misma y las otras religiones, que excluye como paganismo. La prohibición de las imágenes define ese paganismo, en lo sucesivo excluido, como una simple idolatría. Aquel que se hace imágenes se sitúa del lado de los idólatras y, por lo tanto, se pone automáticamente contra Dios. La distinción entre amigo y enemigo polariza el mundo. Es, por consiguiente, necesario decidirse: el que no está con Dios está contra él. Es lo uno o lo otro.

Una distinción argumentada entre el amigo y el enemigo se encuentra en la base de cualquier forma de legitimación y de empleo de la violencia política. Es exactamente lo que sucede en Éxodo 20,5-6 y en Deuteronomio 5,9-10. Eso quiere decir que se trata de violencia política. Los celos y la ira del *Dios celoso* (*el qanna'*), que es de lo que se trata ahí, son, a mi juicio, afectos políticos. Esos afectos tienen su origen en los grandes imperios, bajo la presión hegemónica de los cuales debía Israel sobrevivir y sufrir.

Por supuesto, no se trata ahí de las emociones de Dios, sino de las emociones humanas, que los hombres han proyectado en su imagen de Dios y que expulsan después —es el punto decisivo— por medio de una piadosa *imitatio Dei* en sus propios sentimientos y acciones. Pero no se trata ahí simplemente de afectos humanos, sino de afectos de dominación. Un rey sabe, ciertamente, que existen otros Estados aparte del suyo, pero se encoleriza cuando sus vasallos prestan juramento de fidelidad a otro rey, y exige a sus súbditos, por consiguiente, una fidelidad absoluta. Para los reyes asirios, la existencia de otros Estados independientes acaba por convertirse en un verdadero problema, y ponen todos los medios para incorporar el mayor número posible de ellos a su propio espacio de soberanía con la ayuda de diferentes contratos de vasallaje. Así es como se formó una ideología o semántica política, de la que el monoteísmo iba a convertirse en el heredero en varios puntos importantes.

Para volver ahora a la Biblia, ahí no se trata de los celos y de la ira de Dios —los dos afectos están vinculados, puesto que la ira nace de los celos— más que después de la Alianza concluida en el Sinaí. La maldición de la serpiente, la expulsión del paraíso, la maldición echada sobre Caín, el Diluvio, la confusión de las lenguas, la destrucción de Sodoma y Gomorra, el asesinato de Onán, todas esas intervenciones punitivas de Dios relatadas en el libro del Génesis se presentan sin la menor emoción. A todos esos acontecimientos les falta una dimensión política. Dios solo tiene motivos de celos con el Éxodo y la Alianza, que también, por cierto, se expresa con la metáfora del matrimonio. La idea de *el qanna'*, del Dios celoso, hunde sus raíces en la idea de la liberación-elección (Éxodo) y de la Alianza, y pertenece, por consiguiente, al ámbito de lo político. Lactancio ya lo había destacado muy claramente en su tratado *De ira Dei*. La ira de Dios no pertenece a su esencia (*natura*), sino a su soberanía (*imperium*), a su papel de dueño y señor, que tomó sobre sí en el marco de la alianza con Israel. Ella es la forma específicamente política de un Dios que se vuelve hacia el mundo.

Una vez se haya admitido que se trata ahí de violencia política, violencia que no se adopta más que a partir de las ideas de la elección y de la alianza como unión política, entonces se verá también claramente que esa violencia está irremediablemente asociada con la idea de la ley. Se trata de la violencia de la que el derecho tiene necesidad para llegar a ser efectivo, para *entrar en vigor*. El Dios celoso, dispuesto a la violencia y que acaba siempre por intervenir realmente, es el Dios que legisla, juzga y castiga y, por lo tanto, es un Dios legislativo, judicial y ejecutivo. ¿Qué sentido tendría la ley si no dispusiera de la violencia para imponerse y para obligar así a los hombres a cumplirla? Y, a la inversa, ¿qué sentido tendría la violencia si no pudiera fundarse en una ley? La disposición a la violencia y la acción violenta de Dios —siempre comprendida como imagen bíblica de Dios— proceden, por consiguiente, de la transformación ética y jurídica de la religión, del paso revolucionario que dio el Dios bíblico al hacer suyas las pretensiones a la justicia y situarlas en el centro de las exigencias que impone a su pueblo. Los profetas no hablan de los paganos, es decir, de las otras religiones o de las religiones de los otros, sino de su propia religión. No oponen el politeísmo al monoteísmo, sino la práctica tradicional del culto de la religión israelita a la exigencia completamente diferente que Dios impone a su pueblo. Así es como se lee en Miqueas:

V LEY Y VIOLENCIA

> ¿Con qué me presentaré ante Yahvé
> y me inclinaré ante el Dios de lo alto?
> ¿Me presentaré con holocaustos,
> con terneros añojos?
> ¿Aceptará Yahvé miles de carneros,
> miríadas de ríos de aceite?
> ¿Ofreceré mi primogénito por mi delito,
> el fruto de mis entrañas por mi propio pecado?
> Se te ha hecho saber,
> hombre, lo que es bueno,
> lo que Yahvé quiere de ti:
> tan solo respetar el derecho,
> amar la lealtad
> y proceder humildemente
> con tu Dios. Miq 6,6-8

Isaías desarrolla ese tema de manera todavía más completa:

> ¿A mí qué vuestros sacrificios?
> —dice Yahvé.
> Harto estoy de holocaustos de carneros,
> de sebo de cebones;
> no me agrada la sangre de novillos,
> de corderos y machos cabríos.
> Cuando venís a presentaros ante mí,
> ¿quién ha solicitado de vosotros
> que andéis pateando mis atrios?
> No traigáis más oblaciones vanas:
> su cremación me resulta detestable.
> Novilunio, sábado, convocatoria:
> no tolero falsas solemnidades.
> Vuestros novilunios y solemnidades
> aborrezco de corazón:
> me han resultado un gravamen
> que intento en vano llevar.

> Cuando extendéis vuestras manos,
> me tapo los ojos por no veros;
> aunque menudeéis la plegaria,
> no pienso oírla.
> Vuestras manos están llenas de sangre:
> lavaos, purificaos,
> apartad vuestras fechorías de mi vista,
> desistid de hacer el mal
> y aprended a hacer el bien:
> buscad lo que es justo,
> reconoced los derechos del oprimido,
> haced justicia al huérfano,
> abogad por la viuda.
>
> Is 1,11-17

De igual modo, en Amós, Dios se expresa de la siguiente manera:

> Yo detesto, odio vuestras fiestas,
> no me aplacan vuestras solemnidades.
> Si me ofrecéis holocaustos…,
> no me satisfacen vuestras oblaciones,
> ni miro vuestros sacrificios de comunión,
> de novillos cebados.
> ¡Aparta de mí el rumor de tus canciones,
> no quiero oír la salmodia de tus arpas!
> ¡Que fluya, sí, el derecho como agua
> y la justicia como arroyo perenne!
>
> Am 5,21-24

Esa transformación ética de la religión y esa teologización de la ética son un paso revolucionario con el que Israel se distingue clara y excepcionalmente de todas las religiones de su entorno. Incluso por una vez me atrevería a afirmar que semejante tipo de religión no existía entonces en el mundo.

V LEY Y VIOLENCIA

Que se comprenda bien que no se trata ahí de *reemplazar* el culto por el derecho y la justicia. Porque aparte de las voces de los profetas y del Deuteronomio, la Biblia conoce también la tradición escrita de los sacerdotes, en particular, el libro del Levítico, en el que las disposiciones de los cultos sacrificiales son determinadas hasta en sus menores detalles. Por el momento, el envite está sobre todo en establecer el derecho como un complemento del culto. Pero, con el paso del tiempo, con la destrucción del Segundo Templo, son el derecho y la justicia los que se imponen frente a los cultos sacrificiales en el judaísmo, el cristianismo y el islam.

En lo que concierne, por ejemplo, a Egipto —y ese caso debería de ser seguramente típico para todas las otras culturas que formaban el entorno de Israel—, encontramos también casi todas las exigencias que Yahvé impuso a su pueblo. Nada sería más erróneo que creer que los *paganos* habrían vivido en un espacio amoral sin derecho ni ley, sometidos a la arbitrariedad y a la violencia, y que habría sido necesario esperar al monoteísmo bíblico para introducir la idea de justicia en el mundo. Pero, en Egipto, no es Dios, sino el rey, quien se presenta como legislador, y la violencia, que está lógicamente asociada con la idea de ley como en cualquier otra parte del mundo, no es la violencia divina, sino la violencia estatal. Como puede leerse en un texto egipcio fundamental, el rey (es decir, el Estado) fue introducido en la tierra por el Dios-sol y creador para «decir el derecho a los hombres y apaciguar a los dioses a fin de cumplir la *Ma'at* y de poner en fuga el *Isfet*.[1] Es él (el rey) quien proporcio-

---

[1] La *Ma'at* corresponde a la justicia, al orden del mundo, y el *Isfet*, al caos. (N. del T. al francés)

na a los dioses sacrificios divinos y a los muertos sacrificios de muertos.»[2] Así pues, se distingue ahí claramente entre el derecho y el culto: el derecho está destinado a los hombres, mientras que el culto está destinado a los dioses. Lo que es radicalmente nuevo en Israel es el hecho de que el derecho está también justamente ahí por Dios, en la medida en que procede de Dios mismo. Al igual que el derecho aparece como una manera para Dios de volverse hacia el mundo, la acción recta deviene desde entonces una nueva forma humana del culto divino.

Hacer de Dios el legislador y del derecho el asunto de Dios, y hacer de ello la esencia de la alianza religiosa, representaba un paso revolucionario en el mundo antiguo. La Biblia presenta ese paso como un momento de liberación, y tiene ciertamente razón en ese punto. El sistema de los reinos sagrados del Oriente antiguo estaba basado en una antropología negativa o pesimista, que nos es familiar desde Thomas Hobbes, Carl Schmitt y otros numerosos pensadores conservadores del Estado y que puede reducirse a la fórmula siguiente: sin un Estado fuerte, los hombres acabarían matándose los unos a los otros. Por más que la férula del Estado oprima a sus súbditos, tanto como se quiera, siempre es mejor que la anarquía, que significaría una guerra de todos contra todos.

El principio de una antropología política negativa, desde el Egipto antiguo hasta Carl Schmitt y más allá de este, se

---

[2] *Cf.* Jan Assmann, *Der König als Sonnenpriester. Ein kosmographischer Begleittext zur kultischen Sonnenhymnik in thebanischen Tempeln und Gräbern*, J. J. Augustin Verlag, Glückstadt, 1970 (*Abhandlungen des Deutschen Archäologischen Instituts Kairo. Ägyptologische Reihe*, 7); idem, *Herrschaft und Heil. Politische Theologie in Altägypten, Israel und Europa*, Hanser, Múnich, 2000, p. 37 y s.

basa en la visión de un caos venido de abajo. En cuanto a la Biblia, y más exactamente a la narración histórica del Deuteronomio, ella pone en escena la imagen de un caos venido de arriba. La desgracia —dejemos por el momento de lado el retrato de la *generación del desierto*— no viene ahí de abajo, es decir, de un populacho siempre dispuesto a la violencia y a la rebelión, sino de arriba, o sea, de señores despóticos, egoístas y olvidados de Dios (o incluso de reinas como Jezabel), que pervierten el derecho sirviéndose de la violencia para todas sus ambiciones personales. El caos de arriba comienza ya con el faraón de la salida de Egipto, cuyo corazón ha endurecido Dios a fin de demostrar toda la magnitud de su poder a partir de él. Solo se puede comprender la teología política de la tradición deuteronómica si se la aprehende en el horizonte de semejante concepto de caos de arriba y de las experiencias históricas que se asocian a él.

El miedo al caos de abajo, a la naturaleza depredadora del hombre, que sirve a las teorías políticas y teologías conservadoras para justificar el ejercicio de la violencia a causa de la orden estatal, es siempre actual en nuestra época. En 2005, en el periódico *Merkur*, Rudolf Burger podía todavía escribir, refiriéndose a Leo Strauss: "Si es cierto que lo que funda en última instancia la conciencia de sí del liberalismo es la filosofía de la cultura, podemos decir, para resumir: el liberalismo, al abrigo de un mundo de cultura y prisionero en él, olvida que el fundamento de la cultura es el estado salvaje, es decir, la naturaleza humana a la vez peligrosa y amenazada"; con otras palabras: olvida la naturaleza depredadora del hombre.»[3]

---

[3] Rudolf BURGER, «Der sterbliche Gott. Eine Bildbetrachtung», *Merkur* 59 (noviembre del 2005), p. 1041. El lector encontrará en la misma

Esa cita ilustra precisamente el punto en el que Leo Strauss y Carl Schmitt estaban de acuerdo.[4] Pero lo que Rudolf Burger olvida son justamente las lecciones del siglo XX. Cuando Leo Strauss escribió esas frases, en 1932, los crímenes justificados por la autoridad estatal de los regímenes totalitarios de un tal Stalin y de un tal Hitler no habían sido todavía cometidos, o en ese caso eran aún desconocidos: el *caos de arriba* como el verdadero origen del peligro no había sido entonces aún bien percibido. Entretanto, nos hemos vuelto más prudentes, y sería una lástima dar marcha atrás y olvidar esas enseñanzas del siglo XX. En los excesos mortíferos de las dictaduras modernas, no es la «naturaleza depredadora del hombre» la que ha mostrado su verdadero rostro, sino el deseo de poder de partidos políticos que pisotean brutalmente todos los sentimientos y necesidades *naturales* del hombre. Sus raíces no hay que buscarlas en la *naturaleza depredadora* del hombre, sino en la del Estado totalitario, que es un producto cultural.

En la época de la constitución de los textos bíblicos y del mundo de experiencia que abarcan se observa que es la experiencia de un caos de arriba la que estaba sistemáticamente a la orden del día. Se asocian, por una parte, con la política imperialista del Imperio neoasirio, cuya ambición era

---

entrega un ensayo de Roger Sandall, «Das Fortschrittsparadox. Über die Wurzeln des romantischen Primitivismus», p. 1042-1049, que argumenta en la misma dirección.

[4] El pasaje citado por Burger, sin indicación de origen, proviene en realidad de manera significativa del *Comentario* de Leo Strauss sobre *El concepto de lo político* de Carl Schmitt: *cf.* Heinrich MEIER, *Carl Schmitt, Leo Strauss y «El concepto de lo político». Sobre un diálogo entre ausentes*, Katz, Buenos Aires / Madrid, 2009 (1.ª ed. alemana: 1988), p 133 y s.

incorporar bajo su jurisdicción la totalidad de su entorno, y, por otra, con las tentativas a menudo irreflexivas de algunos reyes israelitas o sirocananeos de zafarse de semejante dominio. La política imperialista de los asirios iba luego a ser retomada por los babilonios, los persas, los seléucidas y, finalmente, los romanos. La resistencia monoteísta contra esa política y la antropología que está en su fundamento no perdió, por consiguiente, nada de su actualidad.

La Biblia hace tábula rasa de esa ideología imperial conservadora, poniendo a un Dios fuerte en el lugar del Estado fuerte. La Biblia se libera de la pusilanimidad egipcia, que creía que los hombres no podían vivir sin Estado. Esas reflexiones nos muestran claramente que, en algunos aspectos decisivos, la religión bíblica —que constituye el modelo de todas las religiones monoteístas actuales— no debe considerarse como la heredera de las religiones anteriores, sino más bien como la heredera del Estado civilizado antiguo, del tipo de Egipto o de Mesopotamia. En la forma soberana del que se vuelve hacia el mundo, como colaborador de la alianza con el pueblo de Israel, Dios toma el lugar del faraón y de los grandes reyes asirios y babilonios, de cuyas manos libera al pueblo judío. Algo completamente nuevo emerge en ese proceso, pero algo que sería más justificado calificar de *Estado* tras los reinos sagrados de las civilizaciones anteriores que de *religión* tras las religiones paganas, porque en el centro de ese nuevo orden no se encuentra el culto sino el derecho. ¿Dónde está escrito que el episodio del Sinaí correspondería a la fundación de una *religión*? *Religión* es probablemente un concepto totalmente erróneo que conduce finalmente a una minimización de ese acontecimiento revolucionario, sobre todo si se entiende por religión un *asunto privado*.

Si relacionamos ahora esos resultados con nuestra tipología de la violencia, resulta que la violencia que se nos presenta en el Antiguo Testamento y que está asociada con la imagen de Dios constituye una forma de violencia jurídica, es decir, una violencia que está indefectiblemente vinculada al concepto de la ley. El que ejerce esa violencia en nombre de Dios «da muestras de celo», es decir, cumple la ley.

Como se ha mostrado más arriba, la violencia jurídica es una contraviolencia, es decir, una violencia cuyo sentido y cuya función pretenden poner término a la violencia *pura*. La violencia jurídica crea y asegura una esfera del derecho donde la violencia pura es reprobada, es decir, criminalizada y prohibida. Ante semejante hecho, tanto la violencia *religiosa* como la violencia *política* constituyen estados de excepción. Eso es evidente en el caso de la violencia que compete a la política exterior: la guerra es, en todos los casos, un estado de excepción. En el caso de la violencia que compete a la política interior, eso está mucho menos claro. ¿El Estado tiene el derecho de perseguir con violencia a sus enemigos internos? ¿Dónde se sitúan las fronteras entre la disidencia, la oposición y la rebelión? Solo la rebelión puede legitimar un estado de excepción y, por consiguiente, el uso de la violencia. Ya sucedía así en el Egipto antiguo, donde la pena de muerte solo se aplicaba en el caso de una rebelión claramente demostrada. Lo mismo vale para la violencia religiosa. Esta debe entrar igualmente en un marco jurídico y dejarse reglamentar como una forma de estado de excepción a fin de ser compatible con un orden de derecho. Cuando Dios manifiesta su ira y actúa celosamente contra sus *enemigos*, por ejemplo, contra los israelitas que fraternizan con los madianitas en Sitín (Nm 25), es porque los considera como rebeldes. Y cuando Dios deja finalmente hundirse el pueblo entero, durante las grandes catástrofes de 722 y 587, él en realidad no hace más que ejecutar las penas firmemente establecidas en el contrato para aquellos que han renegado de la Ley (Dt 28). La violencia que aparece en el Antiguo Testamento bajo la forma de una intervención de Dios en la historia o bajo la de los hombres que ejecutan una voluntad divina jurídicamente establecida —y que representa entonces la violencia *religiosa*— permanece, así pues, siempre vinculada a la idea de la ley.

Para subrayarlo otra vez de manera conclusiva, el paso revolucionario del monoteísmo bíblico fue incluir la violencia despótica o tiránica en el concepto de la «violencia pura» destinada a ser dominada por la ley: esa violencia despótica es la violencia de la que se sirve un señor no para cumplir el derecho o la justicia, sino para cumplir sus ambiciones personales. En ese proceso, es la ley la que se sacraliza, la que se convierte en asunto de Dios y la que se sustrae a la autoridad de los reyes.

VI

EL LENGUAJE DE LA VIOLENCIA Y SU ORIGEN POLÍTICO

AL IGUAL QUE LA LEY, la violencia que ahí se moviliza afecta en realidad menos a los otros que al grupo mismo: su acción se dirige más hacia el interior que hacia el exterior. La prohibición de las imágenes legitimó el fratricidio y situó, por lo tanto, la fidelidad para con Yahvé más allá de todas las otras obligaciones sociales. El texto que establece eso claramente es la historia del becerro de oro. Cuando Moisés había subido al monte Sinaí para recibir allí las tablas de la Ley de manos de Dios y no había regresado al cabo de cuarenta días, el pueblo perdió la esperanza de encontrarlo vivo, y exigió entonces a Aarón alguien para sustituirlo:

> Al ver el pueblo que Moisés tardaba en bajar del monte, se reunió en torno a Aarón y le dijo: «Anda, haznos un dios que nos guíe, pues no sabemos qué ha sido de ese Moisés, que nos sacó del país de Egipto.» Aarón les respondió: «Quitad los pendientes de oro de las orejas de vuestras mujeres, hijos e hijas, y traédmelos.» Todo el pueblo se quitó los pendientes de oro de las orejas, y los entregó a Aarón. Él los tomó de sus manos, los fundió en un molde e hizo un becerro de fundición. Entonces ellos exclamaron: «Este es tu dios, Israel, el que te ha sacado del país de Egipto.»
>
> Ex 32,1-4

Conviene advertir que el becerro de oro no es un *pessel*, una obra esculpida, sino una *massekhah*, una pieza fundida. Así como *pessel* deriva del verbo 'esculpir', *massekhah* deriva de un verbo que significa 'fundir'. Como sabemos, el desenlace de la historia es funesto:

> Al acercarse al campamento y ver el becerro y las danzas, Moisés ardió en ira, arrojó las tablas y las hizo añicos al pie del monte. Luego tomó el becerro que habían hecho y lo quemó; lo molió, lo esparció en el agua y se lo dio a beber a los israelitas. [...]
> Entonces Moisés se plantó a la puerta del campamento y exclamó: «¡A mí los de Yahvé!», y se le unieron todos los hijos de Leví. Él les dijo: «Esto dice Yahvé, el dios de Israel: Ceñíos cada uno vuestra espada al costado; pasad y repasad por el campamento de puerta en puerta, y matad cada uno a su hermano, a su amigo y a su pariente.» Los hijos de Leví cumplieron la orden de Moisés. Aquel día cayeron unos tres mil hombres del pueblo.
>
> Ex 32,19-20; 26-28

Los términos decisivos son «a su hermano, a su amigo y a su pariente»: la violencia no se dirige hacia el exterior, contra extraños o *paganos*, sino hacia el interior, y rompe las más estrechas relaciones humanas. La decisión que exige el nuevo Dios, la Alianza que propone, supera y acaba con todas las otras asociaciones y obligaciones humanas. Puede completarse eso con un pasaje del Deuteronomio:

> Si tu hermano [...] o tu amigo que es como tu propia vida, tratan de seducirte en secreto invitándote a servir a otros dioses [...], no accederás ni lo escucharás. No lo mirarás con piedad; no lo perdonarás ni lo encubrirás, sino que lo harás morir. Tu mano será la primera en caer sobre él para darle muerte, y después la mano de todo el pueblo. Lo apedrearás hasta que muera, por haber tratado de apartarte de Yahvé, tu Dios, que te sacó del país de

VI EL LENGUAJE DE LA VIOLENCIA Y SU ORIGEN POLÍTICO

Egipto, de la casa de servidumbre. Todo Israel oirá lo sucedido y temerá, y dejará de cometer este mal en medio de ti.

Dt 13,7-12

En ese caso, podemos recordar el origen exacto de semejante lenguaje de la violencia: proviene del derecho real asirio, que exige una lealtad absoluta a sus vasallos.[1] Othmar Keel describió esa relación de manera muy contundente. Se pregunta, totalmente de acuerdo con nuestro punto de vista: «¿Cómo llegó Dios a semejante lenguaje? ¿Cómo llegan los hombres a representarse a Dios de ese modo, es decir, a imaginar que Dios quiere que se traicione al prójimo y que se lo lleve a la muerte? ¿Cómo se llega a una idea tan espantosa?» Y da de ello la siguiente explicación:

> Las investigaciones de los últimos tiempos han mostrado de forma cada vez más clara que ese texto preocupante copiaba casi palabra por palabra de los textos asirios: no de los textos religiosos, sino de los textos políticos. El imperio expansivo de los asirios, establecido en el norte del actual Iraq, exigía a todos los reyes que le estaban sometidos el juramento de no servir más que al emperador asirio y de denunciar inmediatamente a cualquiera que tratara de hacerlos renegar de su fidelidad para con el emperador de Asiria. Incluso los reyes judaicos de Jerusalén

---

[1] Eckart OTTO, *Das Deuteronomium. Politische Theologie und Rechtsreform in Juda und Assyrien*, Walter de Gruyter, Berlín, 1999, llega a mostrar cómo diferentes formulaciones del Deuteronomio son traducciones, literalmente, de un modelo asirio, a saber, el juramento de fidelidad a Asurbanipal, el sucesor del trono, impuesto por Asarhaddón a todos sus súbditos. Otto habla en ese contexto de una «teología política subversiva». *Cf.* igualmente Hans Ulrich STEYMANS, *Deuteronomium 28 und die adê zur Thronfolgeregelung Asarhaddons. Segen und Fluch im Alten Orient und in Israel*, Éditions Universitaires / Vandenhoeck & Ruprecht, Friburgo (Suiza) / Gotinga, 1995 (Orbis Biblicus et Orientalis, 145).

tuvieron que aceptar durante algún tiempo semejantes obligaciones de vasallaje.²

Es de la misma fuente de la que provienen las amenazas de punición divina en el caso de una negligencia de la ley, que constituye la integridad del capítulo 28 del Deuteronomio y que habla un lenguaje de la violencia casi todavía más claro.³ Las descripciones, prácticamente sádicas, de la erradicación, de la destrucción y del exterminio del pueblo convertido en infiel se dejan leer como una premonición de Auschwitz, y además aún son citadas, por ejemplo, por Primo Levi, en ese contexto.⁴

En lugar de enumerar aquí en detalle las cincuenta y tres maldiciones, me contentaré con citar solamente las palabras de Dios a Salomón referidas en el Primer Libro de los Reyes, que resume ese motivo en dos frases:

> Pero si vosotros y vuestros hijos dejáis de ir tras de mí y no guardáis los mandatos y decretos que os he dado, y vais a servir a otros dioses postrándoos ante ellos, arrancaré a Israel de la superficie de la tierra que les di. Retiraré de mi presencia el templo que he con-

---

² Othmar KEEL, «Monotheismus. Ein göttlicher Makel? Über eine allzu bequeme Ankage», *Neue Zürcher Zeitung* (30-31 de octubre del 2004), p. 68.

³ *Cf.* Jan ASSMANN, «Inscriptional violence and the art of cursing: A study of performative writing», *Stanford Literature Review* (primavera del 1992), p. 43-65. Para una antropología de las maldiciones mesopotámicas, *cf.* Francesco POMPONIO, *Formule di maledizione della Mesopotamia preclassica*, Paideia Editrice, Brescia, 1990 (Testi del Vicino Oriente antico 2: Letterature mesopotamiche 1).

⁴ Primo LEVI, *Se questo è un uomo* (hay traducción castellana: *Si esto es un hombre*, Austral, Madrid, 2013 —N. de la T.), citado por Harald WEINRICH, *Leteo. Arte y crítica del olvido*, Siruela, Madrid, 1999, p. 311 y s.

VI EL LENGUAJE DE LA VIOLENCIA Y SU ORIGEN POLÍTICO 91

sagrado a mi Nombre, e Israel se convertirá en ejemplo y escarnio entre todos los pueblos.

1Re 9,6-7

Semejantes fórmulas de amenaza pertenecen al repertorio de los acuerdos políticos, y en ese punto el Deuteronomio se sitúa también en la tradición de los asirios, que habían cerrado sus contratos de vasallaje surtiéndolos de amenazas o maldiciones similares en el caso de una ruptura de aquellos.[5] El Deuteronomio se apodera de esa tradición, pero para superarla de muy lejos.

En el mundo oriental antiguo, ese lenguaje de la violencia encuentra su morada en las inscripciones reales, y ahí desempeña una función claramente determinable. Se deja deducir del principio de la *violencia jurídica*, que, según los términos de Niklas Luhmann, reside «en el hecho de que la política y el derecho no son posibles más que cuando, para imponerse, pueden apoyarse en el recurso a la violencia y excluir de manera eficaz cualquier forma de contraviolencia».[6] Los imperios del Oriente clásico están fundados, por consiguiente, en una semántica cultural cuyo objetivo es reunir grandes masas de sujetos y de vasallos bajo un sistema de dominación y mantenerlas en el camino recto. Desde ese punto de vista, son los asirios los que llegaron más lejos. Exigían una lealtad

---

[5] Klaus BALTZER, *Das Bundesformular*, Neukirchener Verlag, Neukirchen, 1964²; STEYMANS, *Deuteronomium 28 und die adê zur Thronfolgeregelung asarhaddons*.

[6] Niklas LUHMANN, «Rechtszwang und politische Gewalt», en *Ausdifferenzierung des Rechts. Beiträge zur Rechtssoziologie und Rechtstheorie*, Suhrkamp, Fráncfort del Meno, 1981, p. 154-172 (aquí p. 154), según Dieter CONRAD, «Der Begriff des Politischen, die Gewalt und Gandhis gewaltlose politische Aktion», en Jan ASSMANN / Dietrich HARTH (ed.), *Kultur und Konflikt*, Suhrkamp, Fráncfort del Meno, 1990, p. 72-112, aquí p. 77 y s.

absoluta por parte de sus vasallos y castigaban con la mayor crueldad cualquier incumplimiento de la regla —al menos con arreglo a su propia presentación y según el recuerdo que de ello nos ha sido transmitido. La obediencia exigida sobrepasaba incluso las más estrechas relaciones familiares. Ahora bien, ese sistema de poder represivo, con sus pretensiones totalizantes de dominación, es precisamente lo que la Biblia simboliza bajo la forma del régimen de los faraones egipcios como casa *de la servidumbre*, de la que el monoteísmo pretende liberar a los hombres. Israel trata de salir de Egipto y de su sistema represivo de violencia.[7] Pero, ¿por qué retoma, entonces, los motivos políticos de la violencia en su propia semántica cultural fundadora? Escuchemos de nuevo, a ese respecto, a Othmar Keel:

> Al principio del siglo VIII a. C., el reino de los asirios se hundió. Resultó de ello un vacío de poder. Los teólogos judaicos tuvieron entonces la original idea de llenar ese vacío, dejando en lo sucesivo dimanar del Dios de Israel, Yahvé, las exigencias planteadas por el emperador asirio. Con eso llenaron el vacío de poder, hicieron a Israel intrínsecamente independiente de todos los déspotas, pero al mismo tiempo atribuyeron al Dios de Israel las propiedades de un déspota de la peor calaña. Puede mencionarse aquí el texto citado como prueba de la intolerancia, la agresividad y la brutalidad propias del monoteísmo. Pero, haciendo eso, se olvida el hecho de que no se trata ahí de un texto monoteísta. Sigue contando con otros dioses, que podrían poner en peligro la alianza exclusiva con el único Dios propio. En cuanto al verdade-

---

[7] La Biblia, al igual que el ritual judío de la noche del Seder, conserva el recuerdo de Egipto, a fin de poner de relieve el vínculo entre la Ley y la libertad. La Ley libera de todas las formas de dominación arbitraria y de opresión, en cuyo símbolo se convirtió Egipto.

ro monoteísmo, este parte de la presuposición de que solo existe un único Dios, y los celos pierden ahí cualquier fundamento.[8]

La trasposición del despotismo asirio a Dios y la nueva forma de una alianza exclusiva con Dios fueron un acto de liberación, que hizo a Israel intrínsecamente libre respecto a todos los déspotas exteriores. En ese proceso de trasposición (*Umbuchung*)[9] se articula una resistencia espiritual, que más tarde iba a verse particularmente coronada por el éxito. Esta permitió a los judíos sobrevivir a la destrucción de Jerusalén, a los decenios de deportación, y reconstruir una nueva comunidad después del regreso definitivo. La distinción entre un monoteísmo efectivo y un monoteísmo inmaduro es sin duda ineludible para la teología de hoy en día, pero no hace del todo justicia a los textos que deseamos considerar aquí. Es realmente posible que el monoteísmo *efectivo* no conozca los celos. Sin embargo, el Dios bíblico permanece de una vez para siempre como un Dios celoso, *el qanna'*, que hace la distinción entre el amigo y el enemigo, y que persigue los pecados de sus enemigos hasta la tercera o cuarta generación, mientras que manifiesta su clemencia con sus amigos hasta la milésima generación. Eso tal vez no constituye un monoteísmo efectivo, pero es el núcleo de la semántica revolucionaria que pretendemos analizar aquí. Los *celos*, que Keel quiere mantener lejos del monoteísmo *efectivo*, y en razón del punto de vista teológico, conciernen de un modo muy preciso, no obstante y por otra parte, al meollo del pro-

---

[8] KEEL, «Monotheismus - ein göttlicher Makel?», p. 68.
[9] Sobre ese concepto, me permito remitir a mi obra *Herrschaft und Heil. Politische Theologie in Altägypten, Israel und Europa*, Hanser, Múnich, 2000.

blema, que no reside en la unidad de Dios, sino en el alejamiento y la exclusión de los otros dioses, falsos y prohibidos. Por parte de los hombres, los celos de Dios se corresponden con la idea del celo para con Dios. Los dos movimientos, tanto el arrebatamiento divino como el humano, se expresan con la misma raíz hebraica, *qanna'*. Es en ese punto en el que se corresponden la imagen de Dios y la imagen del hombre, los celos divinos y el celo humano. El ejemplo para todos los celadores de Dios es el sacerdote Pinjás de la tribu de Leví. La historia es relatada en el capítulo 25 del libro de los Números. Como en la historia del becerro de oro, se trata nuevamente de un caso de infidelidad, que ahí presenta una connotación claramente sexual:

> Israel se estableció en Sitín. Entonces el pueblo se puso a fornicar con las muchachas de Moab, que invitaron al pueblo a los sacrificios de sus dioses. El pueblo comió y se postró ante sus dioses. Israel se adhirió así al Baal de Peor, y se encendió la ira de Yahvé contra Israel.
> Dijo Yahvé a Moisés: «Toma a todos los jefes del pueblo y empálalos en honor de Yahvé, cara al sol; así cederá el furor de la cólera de Yahvé contra Israel.» Dijo Moisés a los jueces de Israel: «Matad cada uno a los vuestros que se hayan adherido al Baal de Peor.»
> Resulta que un hombre, un israelita, vino y presentó ante sus hermanos a la madianita, estando presentes Moisés y toda la comunidad de los israelitas, que hacían duelo a la entrada de la Tienda del Encuentro. Al verlos Pinjás, hijo de Eleazar, hijo del sacerdote Aarón, se levantó de entre la comunidad, lanza en mano, entró tras el israelita a la alcoba y los atravesó por el bajo vientre a los dos, al israelita y a la mujer. Entonces se detuvo la plaga que azotaba a los israelitas. Los muertos por la plaga fueron 24.000.
>
> Nm 25,1-9

VI EL LENGUAJE DE LA VIOLENCIA Y SU ORIGEN POLÍTICO

¿En qué estribaba el pecado del pueblo, por el que 24.000 tuvieron que morir de la peste y Dios sabe cuántos otros fueron empalados en estacas? Se habían dejado llevar por las ganas de acostarse con las madianitas, que los habían invitado a participar en sus ceremonias sacrificiales y que, por tanto, los habían corrompido hacia la adoración de otros dioses. En el mundo antiguo, el sacrificio ritual era el único acceso a la posibilidad de comer carne: había que organizar una fiesta y sacrificar un animal a una divinidad —en ese caso, a Baal de Peor— a fin de poder luego comerlo colectivamente. La matanza y el sacrificio tenían el mismo significado. Cualquier carne era carne de sacrificio. El texto continúa así:

> Yahvé dijo a Moisés: «Pinjás, hijo de Eleazar, hijo del sacerdote Aarón, ha aplacado mi furor contra los israelitas, porque él ha sido, de entre vosotros, el que ha sentido celo por mí. Por esa razón no he acabado con los israelitas a impulso de mis celos.»
>
> Nm 25,10-11

Esa palabra divina expresa de manera particularmente clara la relación entre los celos divinos y los de los hombres: *b^eqan'ô 'et-qin'atî b^etôkam* —«porque él ha sido, de entre vosotros, el que ha sentido celo (*b^eqan'ô*) por mí [...] a impulso de mis celos (*'et-qin'atî*)». Los términos *qana'* ('estar poseído de celo o de celos') y *qin'ah* ('celos divinos') son derivaciones de la misma raíz.

En esa fase precoz, cuando los dioses todavía eran considerados como competidores realmente existentes de Yahvé y no como magnitudes ficticias o imaginarias, la adoración del Único deviene una cuestión de fidelidad incondicional y de decisión. Pero ese sigue siendo aún el caso en épocas más tardías, cuando se estaba ya persuadido desde hacía mucho tiempo del hecho de que solo existe un único Dios: la creencia en un Único no deja de ser una cuestión de fidelidad. El término hebraico *emounah*, que corresponde con nuestro concepto de creencia o de fe, significa en realidad 'fidelidad'. Así pues, el lenguaje de la violencia se asocia a los celos y a la fidelidad, al miedo a la seducción y a amenazas terribles de castigo en caso de apostasía, de infidelidad o de ruptura del matrimonio. El matrimonio es, además, una de las metáforas directrices de ese nuevo vínculo entre Dios y el pueblo, entre Dios y el hombre. Y las penas previstas en caso de ruptura del matrimonio en las religiones que se sitúan en esa tradición son de una crueldad tal, que las separa profundamente del orden jurídico según prevalecía, por ejemplo, en Egipto.[10]

El miedo a la seducción se expresa igualmente en las leyes que tratan de la relación con las poblaciones autóctonas de los países que hay que conquistar:

> Pero guárdate de hacer alianza con los habitantes del país donde vas a entrar, pues sería un lazo en medio de ti. Destruid sus altares, destrozad sus estelas y romped sus postes sagrados.
>
> No te postres ante un dios extraño, pues Yahvé se llama Celoso, es un Dios celoso. No hagas alianza con los habitantes del país, pues cuando se prostituyan con sus dioses y les ofrezcan sacrificios, te invitarán a participar en sus sacrificios. No tomes a sus hijas para tus hijos, pues sus hijas se prostituirán con sus dioses y prostituirán a tus hijos con sus dioses.
>
> Ex 34,12-16

---

[10] Sobre esas prácticas jurídicas en Egipto, *cf.* Renate MÜLLER-WOLLERMANN, *Vergehen und Strafen. Zur Sanktionierung abweichenden Verhaltens im Alten Ägypten*, Brill, Leiden, 2004, p. 108-119.

VI EL LENGUAJE DE LA VIOLENCIA Y SU ORIGEN POLÍTICO

Parece que, una vez más, eso solo concierne a las relaciones externas de la religión de Yahvé. Pero, en realidad, también tenemos que tratar con una relación interna. En ese punto, me gustaría apoyarme en Reinhard G. Kratz, que interpreta el *Canaán* bíblico como un código para el paganismo hebraico. Como sabemos, la Biblia misma, en su reconstrucción memorial, presenta la relación de Israel con Canaán como una relación externa de la mayor violencia. Israel se acerca desde el exterior —desde Egipto—, penetra en Canaán y conquista sus propios lugares de vida mediante acciones de guerra durante la *conquista*. Ese es uno de los puntos en que puede parecer útil confrontar la perspectiva interna, que compete a la historia semántica y memorial, con la perspectiva externa, que compete a la historia real o a la arqueología. Una invasión o una conquista de la magnitud de la descrita en la Biblia tendría necesariamente que haber dejado huellas arqueológicas, en forma de un horizonte de destrucción que debería haberse podido constatar en varios lugares. Y, sin embargo, parece que no se pueda encontrar nada semejante.[11] Debemos, por consiguiente, comprender todo ese complejo de éxodo y de toma del territorio de manera simbólica, como una ficción literaria, lo que hace la cosa, por cierto, mucho más interesante. *Egipto* y *Canaán* son símbolos narrativos, que representan algo. *Egipto* representa la forma de opresión política de la que la nueva religión promete liberar a los hombres. Se trata ahí de una relación externa, en cuyo contexto no se baraja la posibilidad

---

[11] *Cf.* al respecto Israel FINKELSTEIN / Neil Asher SILBERMAN, *La Biblia desenterrada. Una nueva visión arqueológica del antiguo Israel y de sus textos sagrados*, Siglo XXI, Madrid, 2012 (1.ª ed. americana: 2001).

de teo- o de iconoclasmo. En cuanto al código *Canaán*, este representa el paganismo hebraico, es decir, una forma de ser intermedia entre el pagano y el judío, y que, a semejanza de todos los seres intermedios, es investido de manera fóbica y suscita un horror muy particular.[12] Los cananeos representan, pues, a los miembros del propio pueblo que todavía no han sido convertidos a la nueva religión.[13]

Eso se trasluce muy particularmente en las disposiciones que explican cómo proceder con ciudades enemigas durante la guerra. En ellas se establece una diferencia importante, que procede inmediatamente del espíritu del monoteísmo exclusivo y de la distinción que está en su origen:

> Cuando te dirijas a una ciudad con intención de asaltarla, primero le propondrás la paz. Si ella te responde con la paz y te abre sus puertas, toda la gente que se encuentre en ella te deberá tributo y te servirá. Pero si no hace la paz contigo y te declara la guerra, la sitiarás. Yahvé, tu Dios, la entregará en tus manos, y pasarás a filo de espada a todos sus varones. Tomarás como botín a mujeres, niños y ganado, todo lo que haya en la ciudad, todos sus despojos. Y podrás alimentarte con los despojos de los enemigos que Yahvé, tu Dios, te ha entregado.
>
> Dt 20,10-14

Hasta aquí, eso corresponde totalmente con la práctica corriente de la época. Pero después interviene una distinción importante:

---

[12] Reinhard G. KRATZ, *Reste hebräischen Heidentums am Beispiel der Psalmen*, Vandenhoeck & Ruprecht, Gotinga, 2004.

[13] Esa es también la tesis de Othmar KEEL, *Kanaan - Israel - Christentum. Plädoyer für eine «vertikale» Ökumene*, Münster, 2002 (Franz-Delitzsch-Vorlesung 2001).

VI EL LENGUAJE DE LA VIOLENCIA Y SU ORIGEN POLÍTICO

> Así has de tratar a todas las ciudades que estén muy alejadas de ti, pero no a las ciudades de estas naciones. En cuanto a las ciudades de estos pueblos que Yahvé, tu Dios, te va a dar en herencia, no dejarás nada con vida, sino que las consagrarás al anatema: a hititas, amorreos, cananeos, perizitas, jivitas y jebuseos, como te ha mandado Yahvé, tu Dios, para que no os enseñen a imitar todas esas abominaciones que ellos cometen en honor de sus dioses. ¡Pecaríais contra Yahvé, vuestro Dios!
>
> Dt 20,15-18

Así pues, las ciudades extranjeras pueden ser conquistadas *normalmente*, pero para todo lo que tenga que ver con las ciudades de Canaán habrá que «pasar a filo de espada a los habitantes de esa ciudad», como puede leerse en otra parte (Dt 13,16). Porque las ciudades de Canaán no son ciudades extranjeras: son las propias ciudades, que todavía no se han adherido al nuevo movimiento. Al igual que en la historia del becerro de oro, esas disposiciones muestran que la violencia monoteísta se dirige sobre todo hacia el interior y no hacia el exterior. La figura de Canaán representa la violencia con respecto al propio pasado. Y hay que castigar con la misma crueldad que a Canaán a todas las ciudades del propio pueblo que se hubieran apartado de la ley:

> Si oyes decir que en una de las ciudades que Yahvé, tu Dios, te da para habitar en ella, algunos hombres malvados, salidos de tu propio seno, han seducido a sus conciudadanos invitándolos a dar culto a otros dioses, que vosotros no conocíais, consultarás, indagarás y preguntarás minuciosamente. Y si es verdad, si se comprueba que en medio de ti se ha cometido tal abominación, deberás pasar a filo de espada a los habitantes de esa ciudad; la consagrarás al anatema con todo lo que haya dentro de ella. Amontonarás todos sus despojos en medio de la plaza pública y

prenderás fuego a la ciudad con todos sus despojos, todo ello en honor de Yahvé, tu Dios. Quedará para siempre como un montón de ruinas; no volverá a ser edificada. De este anatema no se te quedará nada en la mano, para que Yahvé aplaque el ardor de su ira y sea misericordioso contigo, tenga piedad de ti y te multiplique como prometió a tus padres bajo juramento, a condición de que escuches la voz de Yahvé, tu Dios, guardando todos sus mandamientos, que yo te prescribo hoy, y haciendo lo que Yahvé, tu Dios, considera recto.

Dt 13,13-19

Así pues, el objetivo final de la polémica bíblica no es el paganismo *extranjero*, es decir, Egipto o Babilonia, sino Canaán, el paganismo interior. Solo se baraja la posibilidad de acciones iconoclastas y teoclastas y, por lo tanto, de vandalismo religioso, con respecto a Canaán:

Entregaré en tus manos a los habitantes del país para que los arrojes de tu presencia. No pactes con ellos ni con sus dioses. No habitarán en tu país, no sea que te hagan pecar contra mí, pues dando culto a sus dioses caerías en un lazo.

Ex 23,31-33

Suprimiréis todos los lugares de culto donde los pueblos que vais a desalojar han adorado a sus dioses: en lo alto de los montes, en las colinas y bajo todo árbol frondoso. Demoleréis sus altares, romperéis sus estelas, quemaréis sus cipos, derribaréis las esculturas de sus dioses y borraréis su recuerdo de aquel lugar.

Dt 12,2-3

En definitiva, eso significa: debes exterminar al pagano que hay en ti.

VII

DEL LENGUAJE
AL EJERCICIO DE LA VIOLENCIA
LA ESCRITURA CUMPLIDA

Conviene, antes que nada, recordar que ese derecho de guerra deuteronómico es una ficción literaria y, por lo tanto, no fue jamás un derecho efectivamente válido. Pero forma parte de la semántica cultural del movimiento monoteísta, así que es continuamente susceptible de transformarse en realidad histórica.

Quizá ya era ese el caso en los años sesenta del siglo II a. C., cuando Judas Macabeo situó su movimiento de resistencia contra el rey seléucida Antíoco IV Epífanes bajo el signo del derecho de guerra deuteronómico.[1] El caso es lo suficientemente interesante como para merecer un análisis más profundo. Nos encontramos en una situación histórica que corresponde en muchos aspectos con los decenios de la opresión asiria o babilonia. Hemos hablado de resistencia y de

---

[1] Sobre las guerras de los macabeos, *cf.* las hipótesis de Elias J. Bickermann en su célebre y controvertida obra *Der Gott der Makkabäer*, Schocken Verlag / Jüdischer Buchverlag, Berlín, 1937, así como Martin Hengel, *Judentum und Hellenismus. Studien zu ihrer Begegnung unter besonderer Berücksichtigung Palästinas bis zur Mitte des 2. Jh. v. Chr.*, Mohr Siebeck, Tubinga, 1988 (3.ª ed.) y Erich S. Gruen, *Heritage and hellenism. The reinvention of jewish tradition*, University of California Press, Berkeley, 1998.

contraviolencia simbólicas en el contexto del Deuteronomio. Una configuración similar determina la situación de los judíos en el reino seléucida.

El rey Antíoco IV, tal como es presentado en el Primer Libro de los Macabeos, tenía la intención de transformar su reino en un Estado nacional. «El rey publicó un edicto en todo su reino ordenando que todos formaran un único pueblo» (1Mac 1,41),[2] lo cual quería decir que todas las etnias que vivían en su ámbito de soberanía ya no podían vivir según sus propias leyes, sino que debían, en lo sucesivo, plegarse a la ley del reino. Su método para promover la unidad nacional no era, pues, la *limpieza étnica*, sino una especie de *limpieza cultural*.[3] En su reino debía prevalecer *una única* cultura, es decir, *un único* derecho y *una única* religión. No se hacía distinción entre la religión y el derecho: la ley era la encargada de determinar los ritos obligatorios, así como de prohibir los ritos prohibidos. Las principales víctimas de esa nueva reglamentación eran los judíos, que vivían según sus propias leyes y cuya religión encontraba justamente en esa ley su medio propio (1 Mac 1, 43-56).

Ante esa política brutal de asimilación forzada, el celo por el Señor se apodera entonces del gran sacerdote Matatías. «Emuló en su celo por la Ley», puede leerse en el Primer Libro

---

[2] Sobre el carácter históricamente dudoso de esa medida, *cf.* los trabajos de Bickermann y de Hengel citados en la nota precedente. Más recientemente, Steven WEIZMANN, «Plotting Antiochus's persecution», *Journal of Biblical Literature* 123 / 2 (2004), p. 219-234, tiene probablemente razón cuando estima que no únicamente esas medidas, sino también el «edicto» de Antíoco que prohibía la práctica de la religión judía, no son otra cosa que ficciones.

[3] En inglés en el texto original: *ethnic cleansing, cultural cleansing*. (N. del T. al francés)

de los Macabeos, «la gesta de Pinjás contra Zimrí, el hijo de Salú» (1 Mac 2,26). Es esa escena, relatada en Números 25, la que los macabeos toman como ejemplo en su heroica lucha de resistencia contra Antíoco. Pero, en realidad, esta no se limitaba a esa resistencia. Lo que no aparece en el libro de los Macabeos, pero que puede deducirse de forma bastante clara de otras fuentes —especialmente de Flavio Josefo—, es que se trataba también de una guerra civil.[4] Confrontada con la presión asimiladora del poder hegemónico helenístico, la población judía se escindió en dos bandos, uno de los cuales daba muestras de celo por la ley y, el otro, contra ella. En esa situación, los judíos se encontraban puestos ante una decisión verdaderamente existencial: a favor o en contra de la ley, no había tercera vía posible. La tradición en el marco de la cual se había vivido hasta entonces, probablemente sin plantearse demasiadas preguntas, se convertía de repente en el objeto de una decisión consciente, una cuestión de vida o muerte, como se la habría entonces presentado Moisés a los judíos según el relato del Deuteronomio:

> Pongo hoy por testigos contra vosotros al cielo y a la tierra: te pongo delante vida o muerte, bendición o maldición. Escoge la vida, para que viváis tú y tu descendencia.
> Dt 30,19

No es solo la resistencia contra Antíoco, sino sobre todo la guerra civil contra el bando opuesto la que suscita el celo religioso. Judas Macabeo no se contentó con resistir con violencia contra Antíoco IV, sino que, según el libro de los Macabeos,

---

[4] BICKERMANN, *Der Gott der Makkabäer*; HENGEL, *Judentum und Hellenismus*, p. 503-564.

exterminó ciudades judías enteras que se habían asimilado al helenismo; y el libro de los Macabeos no relata esas medidas con horror, sino con orgullo. Esas ciudades son «pasadas a filo de espada», como el Deuteronomio lo preconiza para las ciudades de Canaán. Judas Macabeo ya identificó muy justamente que *Canaán* simbolizaba a los paganos del interior, contra los que había que proceder con mucha más crueldad que contra los paganos del exterior. Para hacerlo, utiliza el derecho de guerra arcaico y ficticio como argumento para su guerra de guerrillas: a fin de que la Escritura se cumpla, *lo tekhonnem*, 'ni les tendrás compasión' (Dt 7,2). En ese cumplimento literal de la Escritura se percibe ya una postura fundamentalista. Estamos ahí ante un celo religioso del tipo más puro, que dio el término griego *celotismo*, traducción del concepto hebraico *qin'a*, en el sentido de un compromiso total de la vida de cada uno por motivos religiosos.

Pero tal vez todo eso no es también más que pura literatura, como lo han sido algunas de las escenas bíblicas de violencia que hemos examinado hasta el momento. Los libros de los Macabeos fueron redactados dos generaciones después de los acontecimientos que describen. Codifican el recuerdo del bando vencedor, los hasmoneanos, que fundan su soberanía en la acción de Judas Macabeo. Y como les gustaba finalmente comportarse como soberanos helenizados, tenían desde entonces el mayor interés en presentar su movimiento como particularmente fiel a la ley.[5] Pero, en ese caso, se trataría de una literatura que recurriría ella misma a una literatura más antigua, de varios siglos atrás, y en lo sucesivo elevada al estatuto de texto canónico y absolutamente normativo. No

---

[5] GRUEN, *Heritage and Hellenism*, p. 2.

VII DEL LENGUAJE AL EJERCICIO DE LA VIOLENCIA

se contentan, pues, con contar una historia: describen, en realidad, el trabajo ejercido sobre una historia mucho más antigua —un recuerdo—, y no hay ahí ningún elemento fundamentalista. Lo radicalmente nuevo en el monoteísmo exclusivo es el hecho de que no se reduce a una cuestión de culto, ni siquiera de relación general con el mundo, sino que pretende regular la totalidad de la vida, tanto los días festivos como la cotidianeidad, hasta en sus menores detalles.

Una breve digresión sobre el tema de lo escrito y de la escritura se impone aquí. Mi tesis es que el paso hacia esa nueva forma de religión como principio de vida jamás habría podido realizarse sin el recurso de la escritura.[6] Pero se trata de una forma muy particular de escritura, que se podría tal vez ilustrar a partir de la diferencia entre el uso informativo y el uso performativo de lo escrito. Es, por ejemplo, *informativa* la indicación que encontramos en los paquetes de cigarrillos: «Las autoridades sanitarias advierten: fumar mata.» En cambio, un cartel de *Prohibido fumar* compete al registro performativo. La indicación se contenta con transmitir un saber importante, mientras que el cartel expresa una prohibición. Si no sigo la indicación, es por mi propia cuenta y riesgo; en cambio, si no me pliego al cartel, devengo punible. Ahora bien, el carácter de la escritura de la que se sirve la religión a fin de actuar de manera formadora y transformadora sobre la totalidad de la vida de los hombres es del tipo performativo. Si no sigo la Escritura, entonces no es por mi propia cuenta y riesgo, sino que caigo inevitablemente en el pecado.

---

[6] Sobre ese problema, *cf.* mi estudio *Fünf Stufen zum Kanon. Tradition und Schriftkultur im frühen Judentum und in seiner Umwelt*, Münster, 1999 (Münstersche Theologische Vorträge, 1), p. 11-35.

Eso es algo completamente nuevo en la historia no solo de la religión, sino también de la cultura escrita a secas, y esas dos innovaciones son interdependientes y se condicionan mutuamente. En los antiguos imperios orientales, el derecho era sistemáticamente promulgado por cada rey particular y ningún códice podía limitar su soberanía jurídica. Ese principio iba a ser más tarde formulado por los griegos a partir de la concepción del rey como *nomos empsychos* o *lex animata*. El rey encarna en cierto modo la ley. La ley se encarna en el rey a fin de adquirir una validez performativa, 'para entrar en vigor'. El derecho escrito, *excarnado* (para emplear la acertada expresión formulada por Aleida Assmann),[7] como, por ejemplo, el *Codex Hammurabi*, es de un interés puramente informativo. Esa relación entre lo que está escrito y la vida es, entonces, totalmente invertida en la escritura performativa de la Torá. La ley vale porque está escrita. La Escritura no informa sobre la manera en la que conviene promulgar el derecho, sino que ella misma dice el derecho. Esa pretensión performativa no se detiene en el derecho, sino que reivindica con cualquier frase una forma de obligación normativa y autoritaria para todos los aspectos de la vida.

Calificamos de canon la forma acentuada de Escritura.[8] El principio del canon es expresado mediante dos fórmulas

---

[7] Aleida ASSMANN, «Excarnation: über die Grenze zwischen Körper und Schrift», en Jörg HUBER / Alois M. MÜLLER (ed.), *Raum und verfahren: Interventionen*, Stroemfeld / Roter Stern, Basilea / Fráncfort del Meno, 1993, p. 133-155.

[8] *Cf.* al respecto Aleida ASSMANN / Jan ASSMANN (ed.), *Kanon und Zensur. Archäologie der literarischen Kommunikation II*, Wilhelm Fink, Múnich, 1987; Jan ASSMANN, *Das kulturelle Gedächtnis. Schrift, Erinnerung und politische Identität in frühen Hochkulturen*, C. H. Beck, Múnich, 1992, p. 103-129.

en el quinto libro de Moisés. En primer lugar: la Escritura está cerrada, nada puede añadírsele ni quitársele, nada puede ser modificado en ella. En segundo lugar: la Escritura debe estudiarse día y noche, discutirse con los demás, inculcarse a los niños e interiorizarse totalmente —en el lenguaje de la Biblia, debe ser «grabada en el corazón». Cada individuo debe, en cierto modo, reencarnarla, a fin de poder, luego, ponerla en acto con su conducta en la vida. Se exige, así pues, vivir conforme a la Escritura o, para retomar una bella expresión de Thomas Mann, conforme a «una vida hecha de citas».[9] Se trata, para cada situación o decisión en la vida, de encontrar la cita correcta de la Escritura. La vida misma deviene entonces el cumplimiento de la Escritura.[10] No hay duda de que, bajo esa forma extrema, eso no vale más que para el judaísmo. Pero hay que recordar que todas las religiones monoteístas se apoyan en un canon. Todas las religiones monoteístas tienen en común la escritura performativa y una pretensión de determinar la conducta individual en la vida, y todas poseen un canon de escritos sagrados en los que son puestos por escrito los principios de esas reglas de vida como exigencias que Dios nos dirige. Eso vale muy particularmente para el hecho de morir.[11] Los libros de los Macabeos nos confrontan con una

---

[9] *Cf.* mi estudio «Zitathaftes Leben. Thomas Mann und die Phänomenologie der kulturellen Erinnerung», en *Thomas-Mann-Jahrbuch* 6 (1993 [1994]), p. 133-158, retomado en mi obra *Religion und kulturelles Gedächtnis. Zehn Studien*, C. H. Beck, Múnich, 2000, p. 185-209.

[10] Moshe HALBERTAL, *People of the book. Canon, meaning and authority*, Harvard University Press, Cambridge (Massachusetts), 1997.

[11] Sobre ese punto, *cf.* los estudios especialmente impresionantes de Aharon R. G. AGUS, *The binding of Isaac and Messiah. Law, martyrdom and deliverance in early rabbinic religiosity*, SUNY Press, Nueva York, 1988 (SUNY Series in Judaica, Hermeneutics, Mysticism and Religion); Daniel

forma totalmente distinta de celo por Dios, casi diametralmente opuesta, que no consiste en matar en nombre de Dios, sino en morir por la ley, lo que se llama el martirio. *Martirio*, en hebreo *qiddoush ha-shem*, 'santificación del nombre (de Dios)', significa 'morir por la ley', y constituye la forma extrema de una vida en o según la ley, la puesta en práctica última de la Escritura interiorizada como *guion* de la conducta en la vida. El martirio, que más tarde iba a convertirse en un motivo también central de la religión judía y de la religión cristiana, se presenta por primera vez durante las guerras de los macabeos. Al igual que su opuesto activo, a saber, el hecho de matar por Dios, se trata de un fenómeno que no es concebible más que en el horizonte del monoteísmo exclusivo y de su divisa: «¡No hay otros dioses!»

Un tercer fenómeno que también es únicamente concebible en ese horizonte es la conversión, y tal vez es ahí donde se encuentra la clave para el problema del lenguaje de la violencia. Al igual que el martirio, la conversión atañe a fenómenos que no pueden producirse más que en el horizonte de un monoteísmo exclusivo y, por lo tanto, de la divisa «¡No hay otros dioses!»[12] Es imposible convertirse a las religiones tradicionales, *paganas*. Eso se explica, en primer lugar, por el hecho de que esa nueva forma de religión se apodera del hombre en su integridad, dirige la vida entera, tanto lo cotidiano como lo festivo, y no es simplemente una cuestión de culto y de imagen del mundo. En segundo lugar, y sobre todo, eso se explica también por la categoría de la incompa-

---

BOYARIN, *Dying for God. Martyrdom and the making of christianity and judaism*, Stanford University Press, Stanford, 1999.

[12] A. D. NOCK, *Conversion. The old and the new in religion from Alexander the Great to Augustinus of Hippo*, Clarendon Press, Oxford, 1933.

tibilidad y de la exclusión que supone la divisa monoteísta. La conversión deviene asunto de una decisión que compromete la totalidad de la vida, y cualquier decisión implica una distinción. Y esa distinción es precisamente la que se sugiere con la divisa «¡No hay otros dioses!», a saber, la distinción entre lo verdadero y lo falso, el Dios verdadero y los dioses falsos, la religión verdadera y la religión falsa. Se trata de un concepto nuevo de verdad, reforzado y enfático, que no admite ningún compromiso con lo que excluye como no verdad. Es una situación que pide una decisión.[13] La divisa «¡No hay otros dioses!» sigue siendo válida, aunque sean el diablo, el materialismo, la sexualidad, la voluntad de poder o de riqueza y otras seducciones del mundo los que ocupen el lugar de los «otros dioses», los que compitan con la unicidad y la singularidad del solo Dios único.[14] Esa es la razón por la que el monoteísmo tiene necesidad de esa semántica de la ruptura, de la exclusión y de la conversión. Los motivos de la violencia que se hallan profundamente inscritos en los fundamentos de la semántica cultural de las religiones monoteístas tienen su raíz en esa obligación de decisión, en el deber del recuerdo y de la re-efectuación interior permanente, así como en el miedo a la regresión y al olvido.

El Antiguo Testamento es el documento de una sociedad que sufrió una metamorfosis cultural totalmente única en su época, en situaciones repetidas de opresión extrema. Esa

---

[13] Para un análisis más profundo y argumentado, me permito remitir a mi obra *La distinción mosaica o el precio del monoteísmo*, Akal, Tres Cantos (Madrid), 2006.

[14] *Cf.* respecto a ese tema, Moshe HALBERTAL / Avishai MARGALIT, *Idolatría. Guerras por imágenes: las raíces de un conflicto milenario*, Gedisa, Barcelona, 2003, p. 23-55.

metamorfosis solo es imperfectamente descrita con la ayuda de conceptos evolucionistas como los del «paso del politeísmo al monoteísmo a través de la monolatría». En cualquier caso, no se trata de una evolución conforme a ciertas líneas de evolución cultural, en las que se podrían encontrar paralelismos o regularidades, sino de un proceso revolucionario que no se deja comparar más que con el de la conversión a nivel de la experiencia individual. El converso sabe que no tiene el derecho de olvidar su pasado: debe mantener una conciencia viva de su antigua forma de existencia a fin de poder afirmar su nueva identidad con más decisión y firmeza.[15] Cualquiera que haya podido ser la realidad histórica, es, en cualquier caso, de esa manera como los relatos bíblicos presentan ese momento crucial que pasa por volver la vista atrás, portador a la vez de recuerdo y de interpretación.

Lo opuesto a la conversión es la asimilación. Esta última presupone, contrariamente, un olvido total de la identidad de origen. Uno se convierte a una religión esperando así acceder a una verdad más elevada. Uno se asimila a una cultura esperando tener más oportunidades de éxito. Esos dos mecanismos psicológicos se expresaron de manera muy clara a nivel cultural en los escritos del Antiguo Testamento, y muy particularmente en el Deuteronomio. El Deuteronomio está dominado por una preocupación, a saber, la preocupación por la memoria y el miedo al olvido.[16] No deja de recordar a sus oyentes y lectores la puesta en guardia contra el olvido. El olvido deviene en él el sinónimo de la asimila-

---

[15] *Cf.* Thomas LUCKMANN, «Kanon und Konversion», en Aleida ASSMANN / Jan ASSMANN (ed.), *Kanon und Zensur*, p. 38-46.

[16] *Cf.* al respecto mi obra *Das kulturelle Gedächtnis*, capítulo 5, p. 196-228.

ción a las costumbres y a las representaciones del país en el que se instalarán los israelitas, Canaán. Una vez que se ha comprendido que Canaán representa el propio pasado, así como los prójimos inmediatos que no han sufrido todavía la metamorfosis, entonces se comprende que la asimilación, y en ese caso el olvido, corresponde a una violenta regresión hacia las formas anteriores de existencia, lo cual es el horror de todos los conversos. Tras el marcado anticananeísmo del Deuteronomio y de la tradición deuteronómica se esconde el *pathos* de la conversión, la pasión de una decisión que compromete toda una vida, el miedo a la regresión y la resolución de exterminar al pagano que hay en uno mismo.

Ese *pathos* de la conversión alberga igualmente la llamada al arrepentimiento —*t^eschouvah* en hebreo y *metanoia* en griego. Ese concepto significa también una transformación radical de la conducta en la vida. Existen, por supuesto, desde siempre y en todas partes, la culpabilidad y las correspondientes reacciones de vergüenza, de arrepentimiento y de penitencia. El hombre comete faltas en todas partes y tiene, posteriormente, oportunidades para arrepentirse de ellas. Pero no es de eso de lo que se trata ahí: a lo que se refiere es a un cambio radical existencial, que es el efecto de la interiorización de la culpabilidad en la vida tal como esta ha sido conducida hasta el momento. No se trata, por lo tanto, de una culpa especial, sino de una culpabilidad fundamental y existencial, de una precariedad en la vida humana alejada de Dios, tal como se expresa, por ejemplo, en el salmo 51, en el que puede leerse:

> Mira que nací culpable,
> pecador me concibió mi madre.
> Sal 51,7

Y, más adelante:

> Dios quiere el sacrificio de un espíritu contrito,
> un corazón contrito y humillado, oh, Dios, no lo desprecias.
>
> Sal 51,19

Me parece que se expresa ahí un nuevo sentimiento en la vida, que debe ser puesto en relación con un nuevo concepto monoteísta de Dios. Un Dios monoteísta, un *monos theos*, no tiene compañeros en el mundo divino, su compañero es el hombre, ya sea bajo la forma del pueblo de Dios —Israel—, ya sea bajo la forma del hombre individual que adquiere con esa religión una nueva conciencia de sí mismo: se siente apoyado, tomado en serio, puesto bajo la mirada omnisciente de Dios como el objeto de su solicitud y de su atención. El *yo* de los Salmos designa, por un lado, a un individuo en situación de sufrimiento o de júbilo, de súplica o de gratitud, pero, por el otro, también designa a cualquiera que se vea puesto ante Dios en una situación semejante y quiera decir *yo*; por último, y en tercer lugar, designa al yo o al nosotros colectivo del pueblo de Israel. En la exposición de esa nueva relación con Dios, se trata de un yo más grande que la vida, en el que las tres significaciones encuentran su lugar. El *yo* es la arena principal de la relación entre Dios y el mundo, de la solicitud de Dios para con el mundo, así como de su acción punitiva o curativa y, en última instancia, redentora. Lo que, desde el punto de vista teológico, se dejaría describir como una salida de Dios del mundo de los dioses hacia la soledad y la unicidad de la trascendencia, se expresa desde el punto de vista antropológico como una nueva forma acentuada de subjetividad. Esa nueva subjetividad encuentra su expresión más pura y más intensa en el sentimiento del arrepentimiento. Las religiones anteriores parecían ignorar ese sentimiento. La conversión, por el contrario, está cerca del arrepentimiento, porque ella también es un cambio radical, aunque no se trate de un cambio como en el caso del arrepentimiento. El converso viene del exterior, él no se ha alejado de Dios, sino que ha estado lejos de él en su vida presente. Una vez que se *convierte, mira atrás,* porque se ha dado cuenta de que el camino que había tomado hasta entonces no era el correcto. Ambos, la conversión y el arrepentimiento, exigen semejante conocimiento negativo de sí: únicamente aquel que haya comprendido su vida anterior como una vida equivocada o sus acciones anteriores como pecados es susceptible de un cambio radical. El arrepentimiento y la conversión son dramas que se representan sobre la escena interior y que conciernen al hombre interior. Y se entiende que esa escena interior, convertida en el lugar del espectáculo de tales momentos cruciales existenciales, se representa en Israel, donde es el momento crucial monoteísta en conjunto el que es puesto en escena.[17]

---

[17] Jan Assmann / Theo Sundermeier (ed.), *Die Erfindung des inneren Menschen*, Gütersloher Verlagshaus, Gütersloh, 1993.

VIII

REVELACIÓN Y VIOLENCIA

Con su concepto de *monoteísmo inmaduro*, Othmar Keel vio algo muy cabal, a saber, que el monoteísmo bíblico, en particular bajo su forma profética y deuteronómica, cuya exigencia central es la fidelidad exclusiva a Dios, no es en realidad un verdadero monoteísmo: no se contenta con admitir la existencia de otros dioses como una posibilidad, sino que la presupone como un hecho. Los otros dioses corresponden, entonces, a las otras religiones, a las que el monoteísmo se opone en forma de contrarreligión. La conciencia que el monoteísmo veterotestamentario tiene de sí mismo y del mundo está marcada por el sentimiento de una diferencia, el sentimiento de ser «un pueblo que vive aparte», que «no es contado entre las naciones» (Nm 23,9), y por la conciencia de vivir, como Israel, entre las naciones y de definirse por su fidelidad para con Yahvé como el Dios verdadero entre todos los dioses. Ni el cristianismo ni el islam viven así entre las naciones y, por consiguiente, no consideran a su Dios como un Dios entre o más allá de los otros dioses, sino como el absolutamente Único. Las *naciones* dejan entonces de ser el objeto de la autoexclusión para convertirse, contrariamente, en las destinatarias del llamamiento y, en ese caso, de la sumisión. Solo en ese momento la violencia inscrita en la tradición monoteísta se traspone realmente a la historia.

El motivo de la violencia en esa tradición se explica —esa es mi tesis— por la fuerza antagonista de la *distinción mosaica* entre la religión verdadera y la religión falsa, entre lo antiguo y lo nuevo, y por la ruptura radical, es decir, la *conversión*, que exige a los hombres. Esa ruptura es todo lo contrario de una forma de evolución: no constituye la finalidad de un proceso que se encaminaría lentamente hacia ella, sino que se sitúa completamente de través en relación con el curso del desarrollo histórico. El código narrativo para esa irrupción de lo exterior es la revelación.

Esa tesis ha sido considerada por la teología como muy discutible. Incluso el papa Benedicto XVI —cuando todavía era cardenal— le hizo el honor de discutirla críticamente, aunque, por otra parte, de manera totalmente noble y caritativa.[1] En particular, los conceptos de *verdad* y de *revelación* fueron sistemáticamente señalados con puntos de interrogación críticos. El envite de la religión del Antiguo Testamento, ¿está realmente en la distinción entre lo verdadero y lo falso?, y ¿se trata realmente de una *religión de la revelación* en ese sentido estricto y exclusivo? Muchas de esas críticas me hicieron reflexionar, pero la que más me llamó la atención fue formulada hace más de dos siglos: solo releyéndola recientemente he comprendido de verdad su importancia. Es obra de Moses Mendelssohn, y figura en su escrito *Jerusalem oder über religiöse Macht und Judentum*, de 1783.[2]

---

[1] Joseph RATZINGER (BENEDICTO XVI), *Fe, verdad y tolerancia. El cristianismo y las religiones del mundo*, Sígueme, Salamanca, 2005. Es justamente en los capítulos finales donde el papa subraya el carácter indispensable de la distinción mosaica.

[2] Hay traducción castellana: Moses MENDELSSOHN, *Jerusalem o acerca de poder religioso y judaísmo*, Centro de Publicaciones del MEC / Anthro-

En opinión de Mendelssohn, el judaísmo no es una religión de la revelación. «Creo», escribe, «que el judaísmo no tiene que ver con ninguna religión revelada, en el sentido en que la entienden los cristianos. Los israelitas tienen una *legislación* divina. Leyes, mandamientos, órdenes, reglas de vida, enseñanzas de la voluntad de Dios [...]; pero no teorías, ni verdades salvíficas, ni proposiciones de razón generales. Estas nos las revela el eterno como a todos los demás hombres, siempre a través de la *naturaleza* y las *cosas*, jamás a través de la *palabra* o *signos escritos*.»[3] Así pues, Mendelssohn empieza por hacer la distinción entre, por un lado, los dogmas y las reglas de vida y, por el otro, entre la revelación natural y escrituraria. Los dogmas guardan relación con *verdades eternas*. De acuerdo con la concepción judía, son revelados a todos los hombres con la creación y solo serían descifrables de manera alusiva mediante la razón que el Creador dio a los hombres. Esos dogmas son, por consiguiente, asunto de la razón y no de la fe. Según la concepción judía, no pueden ni deben ser codificados por escrito: «Fueron confiados a la enseñanza viva, espiritual, que mantiene el mismo paso en todos los cambios de tiempos y de circunstancias.»[4] Solo se tiene el derecho de poner por escrito las verdades *históricas*, no las verdades *eternas*. Ahora bien, la Ley que fue revelada a Moisés es tal verdad histórica: «Solo respecto a las verdades históricas, me parece que a la sabiduría suprema le resulta conveniente enseñar a los hombres de forma humana, o sea,

---

pos, Madrid / Barcelona, 1991 (ed. bilingüe en alemán y castellano). Las citas que siguen se dan de acuerdo con la traducción castellana. (N. de la T.)

[3] *Ibid.*, p. 151 y 153.
[4] *Ibid.*, p 185.

mediante palabras y escritos.»[5] La verdad histórica de la Ley solo vale para los judíos, mientras que la verdad eterna vale para la humanidad entera: «Esto es *religi*ón humana general, no judaísmo; y la religión humana general, sin la que los hombres no pueden ser ni virtuosos ni felices, no debería ser revelada.»[6] La cuestión central del judaísmo no es, pues, la distinción entre lo verdadero y lo falso en sentido absoluto, como tampoco se trata de excluir las otras religiones como paganas. «El judaísmo no se vanagloria de ninguna revelación *exclusiva* de verdades eternas, ineludibles para la bienaventuranza; ni de ser una religión revelada, en el sentido en que se acostumbra a entender este término. Una cosa es *religión* revelada y otra es *legislación* revelada.»[7] No hay tampoco, por consiguiente, nada que *creer*, porque los objetos de la creencia o de la fe son las verdades eternas y no las verdades históricas. «Precisamente, en la lengua original, el término que se acostumbra a traducir por *fe* [*emounah*, J. A.], significa en la mayoría de pasajes 'confianza, fiducia', confiada seguridad en la palabra y la promesa.»[8]

En esa argumentación se esconde una poderosa paradoja: el actuar, que está irreductiblemente unido a la temporalidad y a la historia, debe ser prescrito y determinado por esas leyes para todos los tiempos venideros, hasta la revocación divina. En cambio, la comprensión de lo que vale como verdad intemporal y respetada por cualquier cambio histórico —como la existencia y la esencia de Dios, el sentido de la vida, la inmortalidad del alma, etc.— no se deja nunca fijar

[5] *Ibid.*, p. 161.
[6] *Ibid.*, p. 173.
[7] *Ibid.*, p. 171.
[8] *Ibid.*, p. 179.

por escrito; eso no se puede poner de manifiesto más que de manera improvisada, en forma de comentario oral, o bien en el transcurso del progreso histórico. Solo las verdades absolutas o las más elevadas son reveladas y objeto de fe; en cuanto a Moisés, él únicamente recibió leyes. Se trata de actuar, no de creencia: de ortopraxia, no de ortodoxia. El judaísmo no se apoya en la teología sino en la ley. Es libre de plantearse todas las preguntas posibles con respecto a Dios, pero está, en cambio, sujeto a la ley.

Sin embargo, la aparición de Dios como legislador era tan revolucionaria como la aparición de Jesús como Mesías. Eso, y a pesar de todo su apego a las Luces, el judío creyente que era Mendelssohn no podía verlo tan claramente. Y la puesta por escrito de reglas de vida con el fin de establecer una legislación cuya validez sería intemporal era un paso que iba a revolucionar tanto el curso del mundo como la puesta por escrito de verdades eternas. Se trataba de un paso decisivo del entorno del mundo hacia el entorno del escrito, y eso trazó a largo plazo la más decisiva de todas las fronteras, la frontera entre Dios y el mundo, que el niño del siglo XVIII que era Mendelssohn quería de nuevo abolir. La Escritura exige un desvío fundamental de la capacidad humana de atención: mientras que esta estaba tradicionalmente focalizada en los fenómenos de ese mundo y en lo sagrado que se dejaba percibir en él, en lo sucesivo se concentra totalmente en la Escritura y en su explicación. El paso hacia la religión de la trascendencia era un paso fuera del mundo y de su evidencia natural, hacia la Escritura y la creencia. El mundo como tal es entonces identificado como objeto de idolatría y desacreditado también como tal. A la extramundanidad radical de Dios corresponde, desde entonces, la también radical escritura de su revelación. El primer paso en esa dirección era la puesta por escrito, codificación y canonización de las leyes. Quizá no se trataba ahí todavía de lo verdadero y de lo falso, pero no cabe duda de que se había trazado, de ese modo, una línea de demarcación que, a la larga, iba a imponerse como el límite entre el Dios verdadero y los ídolos, y que transformaría de arriba abajo el mundo humano. Lo dado se vio relativizado desde el punto de vista de lo eterno.

A fin de dar ese paso, era inevitable movilizar una medida hasta entonces sin precedentes de energía antagonista, y eso es lo que se manifiesta en la Biblia bajo la forma del lenguaje de la violencia. Hoy, después de más de dos mil años, es importante mostrar claramente que la violencia no está de ningún modo inscrita en el monoteísmo como una consecuencia necesaria. ¿Por qué la distinción entre lo verdadero y lo falso debería ser violenta? El lenguaje de la violencia solo resulta de la presión política, de la que el monoteísmo pretendía precisamente liberar a la humanidad. Esta pertenece a la retórica revolucionaria de la conversión, del cambio y del desvío radical, del salto cultural desde lo antiguo hacia lo nuevo. Pero resulta que hace mucho tiempo que franqueamos ese umbral, y no es en absoluto necesario, por tanto, querer acentuarlo hoy con más celo todavía. La dinamita semántica que se esconde en los textos sagrados de las religiones monoteístas no se inflama en las manos de los creyentes, sino en las de los fundamentalistas, cuya preocupación es el poder político, y que se sirven de los motivos religiosos de la violencia para fidelizar a las masas. Se abusa del lenguaje de la violencia para hacer de él un recurso en la lucha política con vistas al poder: permite forjar imágenes de enemigos, y cultivar el miedo y la impresión de estar amenazado. Es esencial, por consiguiente, historizar tales motivos devolviéndolos a su situación de emergencia. Conviene explicar su génesis para así limitar su validez. Abogo, en consecuencia, por una historización: no en el sentido de una deconstrucción (Derrida), sino más bien en el de una *disolución discursiva* (Habermas); una expresión que me gusta más porque sugiere que todavía subsiste algo al término del proceso, algo en lo que poder apoyarse y proseguir la discusión. Esa *disolución*, con toda evidencia, se inició hace mucho tiempo, como lo demuestra la vivacidad bibliográfica difícilmente dominable en torno al concepto de *monoteísmo* desde hace una decena o una quincena de años.

La vía para semejante tratamiento de la distinción mosaica me parece que ya ha sido indicada en la distinción de Mendelssohn entre el judaísmo y el cristianismo, y entre la *religión general de la humanidad* y las religiones concretas. También en mi opinión, uno de los grandes méritos del judaísmo es no haber querido poner por escrito las *verdades eternas*, sino dejarlas en estado de disolución discursiva. La *religión general de la humanidad* no podrá nunca ser reducida a un sistema de doctrinas obligatorias. Puede que la distinción lingüística entre la estructura de superficie y la estructura profunda pudiera proporcionar un modelo útil de explicación de la relación entre la *religión general de la humanidad* y las religiones concretas, que no pueden existir ni existirán jamás si no es en plural. La *religión de las profundidades*, que trata de alcanzar discursivamente esas verdades eternas que siempre escaparán a toda puesta por escrito, puede entonces considerarse como el punto de referencia común de las *religiones de superficie* concretas, que aportan orientaciones y certidumbres indispensables, pero que solamente lo hacen en el horizonte de su ámbito de validez. El gran problema del cristianismo, para Mendelssohn, descansa justamente en el hecho de que tiene tendencia a pensarse a sí mismo como la religión universal de la humanidad, como la expresión estructural de superficie de la religión de las profundidades universales. Esa es la razón, precisamente, por la que teólogos como Karl Barth o Dietrich Bonhoeffer rechazaron el concepto de *religión* para designar el cristianismo, dado que el término *religión* será declinable, de una vez para siempre, en plural, y dado que el cristianismo no debe ser, en su opinión, una religión como las demás. En ese punto, los cristianos deberán ceder terreno —y algunos lo han hecho desde hace mucho tiempo, puesto que todas esas reflexiones se encuentran ya en la parábola del anillo de Lessing. Reflexiones que se sitúan al nivel de una sabiduría irreductible a una dogmática teológica o a una metafísica científica particulares, que subsiste en todas las religiones y que guarda relación con un punto de convergencia más allá de todas las distinciones, la *distinción mosaica* misma inclusive. Es esa sabiduría, de la que estaban llenos hombres como Mendelssohn y Lessing, y en el transcurso del siglo pasado Albert Schweitzer, Mahatma Gandhi o Rabindranath Tagore, la que, de ahora en adelante, se trata de hacer valer.

Nuestro cuestionamiento genealógico de los orígenes de la violencia religiosa nos ha conducido, pues, hacia la esfera política, es decir, hacia la violencia del Estado y del derecho. La violencia religiosa no es nada originario, no está arraigada en la naturaleza de la cosa, y es incluso, en última instancia, una contradicción en los términos. Esa es la razón por la que ha llegado ahora el momento de trazar una línea de demarcación clara entre los conceptos de *religión* y de *violencia*. La violencia atañe al ámbito de la política y no al de la religión, y una religión que se apodera de la violencia queda anquilosada en el dominio de lo político y pierde su verdadera función en ese mundo. Así pues, el desafío está en, por un lado, despolitizar radicalmente las religiones monoteístas, que nacieron ellas mismas a partir del espíritu de la política y de la legislación, y, por el otro, en oponer al orden de lo político, que no es concebible sin violencia, otro tipo de orden cuyo poder descansaría en la no violencia. Solo entonces se cumplirá el impulso original del monoteísmo, a saber, el impulso de liberar a los hombres de la omnipotencia del cosmos, del Estado, de la sociedad o de cualquier otro sistema con pretensiones totalizantes.